LÉGIONNAIRES, AUXILIAIRES ET FÉDÉRÉS SOUS LE BAS-EMPIRE ROMAIN

BATA

Illustration de couverture :

Un optio, revêtu d'une cuirasse lamellaire en cuir, commande un détachement de la légion des Septimani Seniores (Cliché Kelvine Dumont).

Remerciements :

*Il n'a pas été évident d'envisager un ouvrage sur les soldats du Bas-Empire romain, tant les groupes qui reconstituent cette période ne se bousculent pas. Pendant longtemps, la tâche ne fut pas simple en effet, car les sources étaient maigres, autant que les armuriers capables de fabriquer des équipements corrects. À ce propos, nous tenons à remercier nos amis de la firme Deepeeka qui ont beaucoup travaillé, il y a quelques années, à produire une gamme de copies de belle facture et bon marché pour satisfaire les passionnés que nous sommes. Leur collection de casques romains tardifs est aujourd'hui unique et coiffe la plupart des personnages de cet ouvrage. Nous leur devons, entre autres également, les splendides jambières d'*hippika gymnasia *visibles page 25, qu'ils ont aimablement accepté de fabriquer spécialement pour ce livre. S'il est encore possible de trouver fibules et petits accessoires chez des artisans spécialisés de grand talent, le plus gros du travail pour reproduire une panoplie de soldat romain reste à la charge du reconstituteur lui-même. Nous tenons à saluer ici les membres des rares groupes du Bas-Empire qui ont posé dans ces pages. Par ordre d'apparition :*

Florian Himmler (III Italica), Antonio Sillachi (Pax Augusta), François Gilbert (Pax Augusta), Stefano Allota et Olivier Crouzet (Pax Augusta), Winfried Fink (Populares Vondelicenses), Christian Koepfer (Populares Vondelicenses), Christophe Vaginay-Darnetz (Pax Augusta), Jean-Luc Thomas (Pax Augusta), Michael Thibaut (Herculiani), Damien Deryckère (Herculiani), Gaëtan Marain et Damien Glad (Herculiani), Olivier Schneider (Fœderati) et Warren Lambley (reconstituteur australien), Alain Alexandra (Fœderati), Gilles Daireaux (Fœderati), Gontran Munier, Pierre-André Kanape et Eric Drouiller (Ordalie), Jean-Luc Thomas (Fœderati).

D'autres amis apparaissent au fil des pages. Nous tenons aussi à remercier Volker Müller et Michael Bayer (Populares Vindelicenses),

Enfin, nous remercions Frédéric Lontcho et les éditions Errance pour nous autoriser ce nouvel opuscule.

7, rue Jean-du-Bellay - 75004 Paris
Tél. : 01 43 26 85 82 - Fax. : 01 43 29 34 88
ISBN : 978-2-87772-382-4

LÉGIONNAIRES, AUXILIAIRES ET FÉDÉRÉS SOUS LE BAS-EMPIRE ROMAIN

Alain Alexandra
François Gilbert

Dessins des boucliers de la *Notitia Dignitatum*
François Gilbert

Collection «Histoire Vivante»

editions errance

Les groupes qui apparaissent dans cet ouvrage :

PAX AUGUSTA
9, rue des écoles
69580 Sathonay-Camp
France
paxaugusta@paxaugusta.net
http://www.paxaugusta.net

LES FŒDERATI
3, rue Abbé Boudier,
14320 Saint-André sur Orne
France
alainalex@wanadoo.fr
http://monsite.wanadoo.fr/foederati/

LES HERCULIANI
2, Impasse Anna de Noailles
60290 Laigneville
France
damien.deryckere@wanadoo.fr
http://www.herculiani.fr/

ORDALIE
4, rue du Val de Passey
54200 Choloy Menillot
France
ordaliesreconstitution@yahoo.fr
http://ordalies.asso.free.fr/presentation.htm

LEGIO TERTIA ITALICA ANTONINIANA
Lehrstuhl f. Alte Geschichte
Universitätsstrasse 31
93053 Regensburg
Allemagne
Josef.Loeffl@gmx.de
http://www.legion-regensburg.de/

POPULARES VINDELICENSES
Allemagne
http://www.populares-vindelicenses.de/

COH V GALLORUM
Arbeia Roman Fort
Baring Street
South Shields
Tyne and Wear, GL3 4UG
Angleterre
www.quintagallorum.co.uk
PLCrr6@AOL.com

Timetrotter GbR
Im Heidefeld 66
39175 Wahlitz
Allemagne
http://www.timetrotter.de/
info@timetrotter.de

Crédits photographiques

Les photos qui illustrent ces pages sont de François Gilbert, excepté : encadré tuniques (p. 32-33), *protector* Ammien Marcellin (p. 56-59), encadré *thoracomachus* (p. 66-67) qui sont des Herculiani, le cavalier cataphractaire (p. 68-73) et la séance d'habillage (p. 78-79) qui sont des Fœderati. Les photos du cavalier auxiliaire (p. 22-27) sont de Christophe Vaginay-Darnetz, celle du chanfrein (p. 27) est de Timetrotter. Les photos des pages 90-104-106- et 110-111 sont de Frédéric Lontcho, prises à l'archéoparc d'Archéon (Hollande).

Préface

Bas-Empire, mais haut en couleur

« L'Empire romain »... puissant, indivisible ! C'est oublier un peu vite que cette modeste bourgade des bords du Tibre fut une royauté, puis une république, avant de devenir cet empire qui hante notre imaginaire. Et encore, ce dernier peut lui aussi être scindé en Haut-Empire et Bas-Empire, tant des changements l'ont ébranlé. Qu'importe pour beaucoup au demeurant, car la silhouette du Romain reste à leurs yeux immuable : la femme porte immanquablement des coiffures gigantesques en « nid-d'abeilles », l'homme est un sénateur en toge, et le soldat est équipé d'une cuirasse anatomique étincelante, d'un casque attique surmonté d'un large panache rouge, et d'une très courte jupette découvrant de fines sandales qui s'entortillent jusqu'aux genoux... à faire pâlir de jalousie les « fashion victims » des années 60. S'ils ont su distraire nos jeunes années, les studios de Cinecittà et d'Hollywood n'ont fait en réalité qu'enfoncer le clou. Ces stéréotypes sont en effet beaucoup plus anciens qu'on ne l'imagine souvent. Ils datent du temps où les antiquisants, dès la Renaissance, collectionnaient et étudiaient les images sorties de terre, généralisant des profils qu'ils ne savaient pas stylisés pour la plupart.

Il est surprenant de constater à quel point notre vision du soldat romain en a été durablement faussée. Un seul bas-relief, celui dit « des prétoriens » exposé au Louvre, trompeusement confirmé il est vrai par quelques autres figurations lapidaires, a forgé une image qu'il est encore difficile de redessiner aujourd'hui. Heureusement l'archéologie est passée par là, mise à profit par les premiers groupes de reconstitution romains – anglais il va de soi – pour ressusciter ce combattant légendaire. Malheureusement, l'histoire se répète, car cette nouvelle image du légionnaire, assurément plus juste, dans sa cuirasse *segmentata*, casque Weisenau vissé sur le crâne, glaive Pompéi au côté, se généralise une nouvelle fois et sert désormais autant à illustrer le légionnaire flavien, que celui de César ou encore celui des grandes invasions... Il reste du pain sur la planche !

Il est vrai qu'à côté des personnalités « chatoyantes » et bien documentées des Douze Césars du Haut-Empire, les consuls anonymes du fond des âges républicains, comme de bien entendu austères et réactionnaires, font pâle figure, autant que les Trente Tyrans du IIIe siècle de notre ère qui se bousculent sur le trône en un temps record. À lire l'*Histoire Auguste*, cette période est anarchique et violente, et l'on comprend dans une certaine mesure les réticences des historiens à s'y intéresser. Et que dire des IVe et Ve siècles, incorrigiblement associés à la « décadence », avec son cortège de clichés qui lui colle à la peau : mœurs dissolues, valses des usurpateurs, soldats pleutres et paresseux, corruption, barbarisation, etc. Ce Bas-Empire romain est à ce point mésestimé qu'on préfère désormais l'appeler « Antiquité tardive » pour lui redonner un peu plus de lustre, sous prétexte que ce qui est « bas » est inférieur... Le politiquement correct n'épargne pas l'Histoire !

Pourtant, rien n'est plus faux ! Le Bas-Empire est paradoxalement aussi haut en couleur que la période précédente ; des Dioclétien, Gallien ou Constantin sont aussi passionnants que des Auguste, Trajan ou Marc Aurèle. Certains ne s'y sont heureusement pas trompés, et E. Gibbon fait aujourd'hui des petits. La réhabilitation serait-elle en marche ?

Il est vrai que l'histoire romaine couvre près d'un millénaire qu'il est difficile d'embrasser avec une égale attention, et qu'il faut bien faire des choix. Comme l'historien, le reconstituteur est obligé lui aussi de se spécialiser, mais ils ne sont pas légion à s'intéresser à ce Bas-Empire. L'un des premiers à avoir tenté l'aventure est mon ami Alain Alexandra, responsable du groupe connu sous le nom de *Fœderati*. Maîtrisant bien mieux que moi ces IVe et Ve siècles – me laissant généreusement le IIIe à croquer –, il a accepté de s'associer à ce travail et de partager ses connaissances pour ressusciter les légionnaires, auxiliaires et fédérés qui ont alors combattu sur tous les fronts, avec la même détermination et le même courage que leurs grands anciens du Haut-Empire. Et ce ne furent pas les ennemis et les combats qui manquèrent...

Grâce aux restitutions soignées qui illustrent ces pages, dont certaines ont été spécialement conçues pour ce livre, afin de combler des lacunes chronologiques et présenter la variété des équipements, il apparaît désormais évident que le combattant de Doura-Europos, de Strasbourg ou d'Andrinople, gardien des frontières de l'Empire d'Orient ou d'Occident, des réseaux routiers ou de la sécurité des hauts dignitaires, n'a plus rien à voir avec son prédécesseur des Ier et IIe siècles apr. J.-C. Les équipements changent, les vêtements s'embellissent, les boucliers se décorent différemment. À travers ces costumes militaires, c'est le mérite de cet ouvrage que de nous dévoiler une époque qui n'a rien de sombre et de décadent, mais qui évolue, simplement.

François Gilbert

Introduction

Les sources

Dans l'imaginaire collectif, si la silhouette du légionnaire romain du Haut-Empire est restée celle du soldat représenté sur la colonne Trajane, celle de ses descendants des IIIe, IVe, et Ve siècles est bien plus floue encore… et ce ne sont pas les productions audiovisuelles récentes qui permettront au grand public de se faire une idée plus précise des évolutions du costume militaire romain au Bas-Empire !

Le plus souvent, du seul fait de n'avoir pas pu empêcher les « invasions » germano-danubiennes des IVe et Ve siècles, le soldat romain des derniers temps troublés de l'Empire est peu ou mal considéré par les historiens, depuis même l'Antiquité tardive jusqu'aux dernières décennies du XXe siècle.

La « barbarisation » de l'armée romaine à cette époque est fréquemment évoquée pour expliquer son déclin. Il est vrai que depuis la fin du IIIe siècle, un nombre croissant de pérégrins (hommes libres mais non citoyens romains), qu'ils soient Francs, Alamans, Goths, Vandales, Sarmates ou Perses, s'engagent sous les enseignes de Rome et, pour un petit nombre d'entre eux, se hissent aux plus hauts échelons de la hiérarchie militaire et civile romaine. Cette incorporation d'éléments extérieurs à l'Empire n'est cependant pas une nouveauté, les Romains ayant depuis toujours recruté chez leurs voisins ou alliés des auxiliaires pouvant apporter les spécificités manquantes à leur infanterie lourde. Mais la refonte des structures de l'armée, née des troubles intérieurs et extérieurs qui émaillent le IIIe siècle, et qui se poursuit au siècle suivant, entraîne la multiplication des unités spécialisées, notamment au sein de la cavalerie dont les effectifs croissent de manière conséquente. Le recrutement de barbares va de pair avec cette évolution structurelle, d'autant que le service des armes n'attire plus grand monde au sein des frontières de l'Empire, à part les Gaulois et les Maures comme le souligne en son temps Ammien Marcellin, lui-même ancien officier de cavalerie au IVe siècle de notre ère.

Les empereurs successifs de l'Antiquité tardive n'ont pas d'autres choix que d'ouvrir en grand les portes des casernes aux volontaires de toutes origines, même s'ils essayent toujours de stimuler, parfois par la coercition, le recrutement de citoyens nés dans l'Empire.

De cette introduction de plus en plus massive de soldats pérégrins au sein de l'appareil militaire romain, alliée à une mainmise croissante de l'État sur la production du matériel de guerre collectif et individuel, découle une transformation radicale de la silhouette du soldat de Rome.

Restituer trois siècles d'évolution du costume militaire romain n'est pas des plus aisés. Les textes de l'Antiquité tardive parvenus jusqu'à nous, qu'il s'agisse de celui de Végèce, de ceux d'Ammien Marcellin ou encore de l'œuvre de l'auteur anonyme du *de rebus bellici*, ne sont pas d'une grande précision lorsqu'il est question de détailler les armes et les tenues des combattants. Rien que de très normal en fin de compte, car les contemporains de ces auteurs savent alors à quoi ressemblent leurs défenseurs et n'ont pas besoin d'en avoir une description poussée. Force est de constater qu'il en est de même actuellement dans les récits autobiographiques d'anciens militaires, ou les ouvrages portant sur les conflits récents.

Heureusement, au détour d'un récit de combat ou d'une considération tactique, des bribes de renseignements peuvent être glanées par le lecteur pointilleux, mais cela reste mince, et souvent trompeur. En effet, on oublie trop souvent que la plupart des textes de cette époque sont destinés à être lus en public et que le recours fréquent à des images fortes destinées à maintenir le public en haleine entraîne nécessairement une distorsion de la réalité.

Les copies successives de ces œuvres jusqu'à la fin du Moyen Âge, notamment la *Noticia Dignitatum* qui représente l'équivalent du bottin administratif de l'Empire romain au Ve siècle, nous apportent cependant des informations précieuses. Certes, les différents copistes ont sans doute apporté une touche d'interprétation personnelle aux textes et surtout aux nombreuses illustrations qui émaillent cet ouvrage, mais il n'en reste pas moins que nous avons là une représentation tangible des motifs ornant les boucliers (épisèmes) des unités de l'armée romaine du Bas-Empire, par ailleurs attestés par certaines découvertes archéologiques.

C'est en effet l'archéologie qui nous offre le plus grand nombre d'informations sur l'équipement et le costume militaire romain tardif. Les nombreux bastions frontaliers, sur le mur d'Hadrien en Angleterre ou sur le *limes* rhénan et danubien, offrent de multiples trouvailles. L'incorporation de plus en plus importante d'éléments germaniques et orientaux dans l'armée romaine, qui introduisent leur culture au sein de l'Empire, et notamment dans les pratiques funéraires, procure également au chercheur une mine d'informations. Ces hommes avaient pour habitude de se faire enterrer avec tout ou partie de leur équipement militaire, et si les casques et les *spathæ* demeurent peu nombreux, les fibules, boucles et ornements de ceinture, couteaux, pointes de flèche, fers de lance, *umbones* et manipules de bouclier abondent. Certaines sépultures, comme celle découverte à Liebenau, en Allemagne, où reposait un guerrier décédé à la fin du IVe siècle, sont d'une richesse exemplaire. Dans cette dernière, outre la *spatha* encore conservée dans son fourreau et la totalité de l'armement et des parures du défunt, a été également retrouvée une partie du cuir du *cingulum*, ce qui permet de voir à quel point ce détail du costume était travaillé. Ces découvertes témoignent également de la richesse des échanges culturels à cette époque, où armes et parures romaines et germaniques voisinent avec d'autres pièces semblables d'origine clairement orientale.

Ce mobilier archéologique abondant est, de plus, complété par des représentations figurées de ces militaires sur des mosaïques, comme celles de la Piazza Armerina en Sicile, ou des fresques telles que celles de Doura-Europos en Syrie et d'autres dans les catacombes à Rome. Certains des portraits de personnages de haut rang, comme le célèbre diptyque de Monza représentant en armes le maître de la Milice, Stilicon, accompagné de son épouse et son fils, ou en encore le *missorium* de l'empereur Valentinien Ier, le montrant armé au milieu de soldats (sa garde ?), tenant le *labarum* frappé du chrisme et foulant aux pieds les dépouilles d'un ennemi vaincu, sont autant de témoignages de la richesse du costume militaire d'apparat romain au Bas-Empire.

Il serait injuste de ne pas mentionner l'abondance des découvertes de tuniques dites « coptes », en Égypte, parfois dans un état de conservation admirable qui, lorsqu'on les lie aux éléments picturaux évoqués plus haut, donnent une idée concrète de ce à quoi pouvait ressembler la tenue quotidienne du soldat romain des IVe et Ve siècles.

Née en Grande-Bretagne il y a bientôt vingt ans, essentiellement pour donner un sens plus réaliste à la période dite « arthurienne », notamment grâce au groupe Britannia de Dan Shadrake, la reconstitution historique de l'armée romaine de l'Antiquité tardive s'est développée en France depuis peu. Les quelques associations françaises qui s'investissent dans ce domaine ont toutes le désir de se rapprocher au plus près de ce que l'ensemble des sources évoquées précédemment leur permettent de percevoir. Bien entendu, il n'est pas question dans cet ouvrage d'affirmer que les reconstitutions présentées ici sont l'exact reflet de ce qu'était le soldat romain du Bas-Empire – nous ignorons encore bien trop de choses –, mais simplement de montrer la richesse et la diversité de ce que furent pour les militaires romains les trois derniers siècles de la *Pax romana*.

Chronologie

- 197-199 : campagne contre les Parthes
- 208-211 : campagne en Bretagne
- 213 : campagne contre les Alamans en Germanie
- 217 : défaite contre les Perses à Nisibe
- 218 : guerre civile et victoire d'Élagabale près d'Antioche
- 230 : campagne contre les Perses en Mésopotamie
- 232 : échec de la campagne contre les Perses
- 234 : campagne contre les Alamans / rébellion de l'armée de Pannonie
- 235 : campagne contre les Alamans
- 236 : campagne contre les Daces et les Sarmates
- 240 : les Goths et les Carpes envahissent la Mésie
- 242 : campagne contre les Perses qui sont chassés de Mésopotamie
- 245-247 : campagne contre les Quades et les Carpes
- 247 : invasion de la Mésie par les Goths
- 248 : campagne de Dèce en Mésie
- 249 : Dèce est proclamé empereur par les armées du Danube / victoire de Dèce sur Philippe l'Arabe près de Vérone
- 249 : invasion de la Dacie par les Goths
- 251 : défaite et mort de Dèce face aux Goths
- 252 : les Goths débordent la frontière du Nord
- 251-253 : les Perses envahissent la Mésopotamie
- 253 : campagne contre les Goths en Mésie
- 253 : Gallien, le fils de Valérien, est proclamé « Auguste » et associé au trône
- 254 : les Marcomans envahissent la Pannonie / invasion de la Mésopotamie par les Perses / invasion de la Thrace par les Goths
- 256 : les Goths attaquent l'Asie Mineure / les Francs envahissent la Germanie Inférieure / siège de Doura-Europos par les Perses
- 258 : Gallien mène une campagne victorieuse contre les Goths
- 259 ou 260 : chute du camp de Niederbieber en Allemagne
- 260 : Valérien est défait et capturé par les Perses
- 260 : Postumus déclare la sécession de l'Empire des Gaules / révolte en Pannonie / les Perses sont battus par Macrianus
- 262-267 : victoire d'Odenath de Palmyre contre les Perses, qui est fait *dux orientis*
- 262 : campagne infructueuse contre Postumus
- 267 : les Goths envahissent la Grèce et la Thrace
- 268 : les Hérules envahissent l'Asie Mineure mais sont défaits par Gallien près du fleuve Nessus
- 268 : invasion de la Rhétie et de l'Italie par les Alamans, qui sont battus par Claude II
- 269 : Claude II défait les Goths
- 270 : la Dacie est abandonnée / les Palmyréniens de la reine Zénobie envahissent l'Égypte / Aurélien défait les tribus germaniques en Italie et les Vandales en Pannonie / invasion de l'Italie par les Alamans et les Marcomans
- 271-273 : Aurélien défait les séparatistes gaulois
- 272-273 : campagne d'Aurélien contre Zénobie ; Palmyre est saccagée
- 274 : rébellion de Tetricus en Gaule et victoire d'Aurélien, qui est baptisé « le restaurateur et le pacificateur du monde » (*restitutor pacator orbis*)
- 276 : victoire sur les Alains
- 282 : Probus est assassiné durant une campagne victorieuse sur le Rhin et le Danube

- 283 : victoire sur les Sarmates en Illyrie
- 284-285 : campagne contre les Perses
- 286 : Dioclétien proclame Maximien César, puis Auguste
- 286 : révoltes des Bagaudes en Gaule, réprimées par Maximien
- 286-293 : victoire contre les Alamans / révolte de Carausius en Bretagne
- 296-297 : usurpation en Égypte / Constance reconquiert la Bretagne / Galère vainc les Perses
- 305 : abdication de Dioclétien et Maximien / guerre civile
- 305 : campagne de Constance contre les Calédoniens
- 306 : mort de Constance ; son fils Constantin est proclamé empereur par les légions
- 312 : victoire à Rome de Constantin sur Maxence au pont Milvius
- 315 : victoire de Constantin sur Licinius
- 322-323 : campagne contre les Sarmates et les Goths sur le Danube
- 323-324 : victoires de Constantin sur Licinius à Andrinople et Chrysopolis
- 331-334 : campagne victorieuse contre les Goths et les Sarmates
- 337 : les fils de Constantin se partagent le pouvoir
- 337-360 : campagne contre les Perses
- 348 : Constant est battu par les Perses
- 350-353 : guerre civile entre Constant et Magnence
- 340-369 : révolte en Bretagne
- 356-357 : campagne de Julien contre les Alamans ; victoire de Strasbourg
- 357-359 : attaque et défaite des Quades et Sarmates sur le Danube par Constance II
- 358 : campagne contre les Francs
- 359 : les Perses envahissent la Mésopotamie
- 360 : invasion de la Gaule par les Germains
- 360-391 : contre-offensive de Julien sur le Rhin / mort de Constance II
- 363 : Julien est battu et tué par les Perses / Jovien signe une paix humiliante avec les Perses
- 366-369 : campagnes de Valentinien contre les Alamans / victoire de Valens sur les Goths
- 376-377 : poussés par les Huns, les Goths battent les Romains près de Salices
- 378 : invasion de la Rhétie par les Alamans / défaite totale de l'armée de Valens à Andrinople
- 380-382 : campagne victorieuse sur les Goths
- 388 : Théodose écrase la révolte de Magnus Maximus
- 394 : Théodose remporte la victoire sur ses rivaux à la bataille de la Rivière-Froide
- 395 : la mort de Théodose rallume la guerre civile
- 407 : Constance III est proclamé empereur par les légions de Bretagne, qui débarquent en Gaule pour combattre les Vandales
- 408 : les Goths d'Alaric envahissent l'Italie et assiègent Rome
- 409 : la Bretagne se soulève contre Constance III
- 410 : sac de Rome par Alaric
- 451-453 : victoire d'Ætius contre les Huns d'Attila aux Champs Catalauniques
- 476 : Romulus Augustule, dernier empereur romain d'Occident, est renversé par Odoacre, qui fonde le royaume ostrogoth d'Italie

Liste des empereurs

Septime Sévère (193-211)
Caracalla (211-217)
Macrin (217-218)
Diaduménien (218-218)
Élagabale (218-222)
Alexandre Sévère (222-235)
Maximin I (235-238)
Gordien I (238-238)
Gordien II (238-238)
Balbin (238-238)
Pupien (238-238)
Gordien III (238-244)
Philippe I (« l'Arabe ») (244-249)
Philippe II (247-249)
Trajan Dèce (249-251)
Herennius Etruscus (251-251)
Hostilien (251-251)
Trébonius Gallus (251-253)
Volusien (251-253)
Æmilien (253-253)
Valérien I (253-260)
Gallien (253-268)
Auréole (268-268)
Claude II (le Gothique ») (268-269)
Quintille (269-269)
Aurélien (269-275)
Tacite (275-276)
Florien (276-276)
Probus (276-282)
Carus (282-283)
Carin (282-285)
Numérien (283-284)
Dioclétien (284-305)
Constance (305-306)
Galère (305-311)
Sévère II (306-307)
Galère (306-312)
Maxence (306-312)
Licinius (308-324)
Maximin II (309-313)
Valens (316-316)
Martinien (324-324)
Constantin I (324-337)
Constantin II (337-340)
Constant (337-350)
Magnence (350-353)
Vétranio (350-350)
Népotien (350-350)
Constance II (337-361)
Julien II (360-363)
Jovien (363-364)
Valentinien (364-375)
Valens (364-378)
Procope (365-366)
Gratien (367-383)
Valentinien II (375-392)
Théodose I (379-395)
Arcadius (383-408)
Maxime (383-388)
Victor (387-388)
Eugène (392-394)
Honorius (393-423)
Théodose II (402-450)
Attale (409)
Constance III (421-421)
Jean (423-425)
Valentinien III (425-455)
Martien (450-457)
Pétrone Maxime (455-455)
Avite (455-456)
Majorien (457-461)
Magnence (350-353)
Léon I (457-474)
Sévère III (461-465)
Anthème (467-472)
Olybrius (472-472)
Glycère (473-474)
Léon II (473-474)
Zénon (474-491)
Jules Nepos (474-475)
Basilisc (475-477)
Marc (475-477)
Romulus Auguste (475-?)

Légionnaire
Legio III Italica Antoniniana
Campagne contre les Alamans
213 apr. J.-C.

Caracalla : un empereur dur et violent…

Associés au trône du vivant de leur père, les deux fils de Septime Sévère sont à sa mort reconnus empereurs par le Sénat. Mais cette décision originale est lourde de conséquences, car Bassianus (appelé aussi Aurelius Antoninus, quand il prend le titre de César, à l'âge de huit ans) et Geta se détestent viscéralement. Ils imaginent un temps se partager les territoires de l'Empire, mais bien vite Bassianus se résout à tuer son frère cadet et à faire un grand massacre de ses partisans. Le nouvel empereur cherche ensuite à faire oublier son crime en favorisant outrageusement l'armée, notamment en augmentant démesurément les primes et la solde, doublant presque du même coup le budget militaire. L'édit qu'il promulgue en 212 pour donner la citoyenneté romaine à tous les pérégrins des provinces est, dit-on, une mesure destinée à accroître les rentrées d'impôt devenues nécessaires. Ce décret permet en outre à tous ces hommes d'intégrer désormais les légions, alors qu'ils ne pouvaient auparavant être qu'auxiliaires.

Rêvant d'égaler Alexandre le Grand, il se lance durant l'été 213 dans une campagne contre les Alamans (*Cenni*) : confédération de peuples germaniques installés dans la Souabe actuelle, entre le Danube supérieur et le Main. Cette guerre, qui connaît quelques succès, lui vaut le titre de *Germanicus Maximus*. En 217, Caracalla prépare une campagne contre les Parthes, mais il est assassiné sur l'ordre de son préfet du Prétoire, Macrin, après six ans d'un règne brutal. L'empereur sera surnommé Caracalla, du nom d'un long manteau celte dont il s'affublait souvent.

…mais aimé de ses soldats

Contrairement à la plupart des empereurs qui l'ont précédé, Caracalla est très apprécié de son armée, car il en partage la vie et les épreuves. Voici ce que nous dit de lui Hérodien (IV, 7) : « *Fallait-il creuser une tranchée, jeter un pont, combler un fossé ? Il était le premier à pelleter. Tout ce qui exigeait activité manuelle ou force physique, il était le premier à l'exécuter. Sa table était frugale. Quelquefois même il utilisait, pour boire et manger, des récipients en bois. Pour se nourrir, il prenait du pain fabriqué séance tenante pour une personne, en pétrissait une galette, la cuisait sur des braises, puis la mangeait. Il renonçait à tout luxe et ne se servait que ce dont pouvaient aisément disposer les soldats les plus simples et les plus pauvres. Recevait-il d'eux le nom de compagnon d'armes plutôt que celui d'empereur, il affectait d'y prendre plaisir. Dans les trajets qu'il accomplissait avec eux, il marchait la plupart du temps à pied, rarement en char ou à cheval, et il portait lui-même ses armes. Parfois même on le voyait prendre sur ses épaules les longues enseignes de l'armée, chargées des nombreux ornements en or, et en assurer lui-même le fardeau, ce qu'avaient du mal à faire les plus robustes soldats.* »*

* *Histoire des empereurs romains - Les Belles Lettres* - Traduction de Denis Roques, 1990, Paris.

L'équipement

Ce soldat, qui quitte ses quartiers de Reginum en Rhétie (aujourd'hui Ratisbonne dans le sud de l'Allemagne) pour mener campagne contre les Alamans, appartient à la IIIe légion *Italica*. C'est vraisemblablement au cours de cette guerre que l'unité reçoit l'insigne faveur d'ajouter à son nom celui de son empereur : *Antoniniana*. L'homme est équipé pour la marche. Ses bagages sont suspendus au bout d'une fourche en bois (*furca*) portée sur l'épaule droite, en même temps que la lance. Ce baluchon de campagne (*sarcina*) contient quelques vêtements de rechange, notamment un manteau (*sagum* ou *pænula*) roulé dans un sac en cuir (graissé pour le rendre imperméable), quelques effets personnels rangés dans un cartable (*pera*), comme son nécessaire de toilette et une trousse de première urgence, et sa ration alimentaire contenue dans un filet à provision. Sont encore accrochés des ustensiles de cuisine, tels qu'une petite marmite individuelle (*situla*) et une gamelle (*patera*). Le paquetage repose simplement sur l'arrière de l'épaule, sans provoquer de gêne majeure, et il suffit d'un doigt posé sur la perche pour le tenir en place. La colonne Trajane nous montre les *sarcinæ* des soldats portées très haut, au-dessus de la tête, mais dans le simple but de les rendre visibles aux yeux des spectateurs. Durant les marches hivernales, les soldats portent sur eux leur manteau, et peuvent se coiffer d'un bonnet.

La cuirasse atténue le poids du paquetage. Il s'agit d'un modèle d'armure en tôles de fer articulées (*lorica segmentata*), dit « Newstead », d'après la découverte archéologique effectuée dans le fort éponyme sur le mur d'Hadrien. Ce type de cuirasse a été inventé vraisemblablement au tout début du règne d'Auguste, et a connu quelques modifications tendant vers une simplification du plan et du mode d'assemblage des différents éléments. Des trouvailles récentes laissent à penser qu'elle fut utilisée jusqu'à la fin du Bas-Empire. La version « Newstead » se caractérise par une série de cerceaux horizontaux protégeant l'abdomen, solidarisés par des sangles de cuir, et des plaques couvrant le thorax, jointes devant et derrière par des goupilles servant de fermoirs. Plaques abdominales et thoraciques sont reliées entre elles par des crochets en laiton. Les épaules sont garanties elles aussi contre les coups par une série de tôles cintrées, dont la plus grande est composée de trois segments, articulés par de larges charnières à la forme caractéristique. Cette cuirasse s'enfile entièrement assemblée, comme une veste, et se « boutonne » ensuite sur le devant, par des lacets de cuir sur notre reconstitution, mais plus probablement par des goupilles, comme l'indiquent des trouvailles de Slovaquie et d'Autriche. Il est cependant nécessaire de se faire aider par un camarade de chambrée dans cette opération, car la *lorica segmentata* pèse près de 10 kg.

Pour faciliter le port de la cuirasse et atténuer les chocs du combat, les soldats romains revêtent un pourpoint matelassé (*thoracomachus*) de 2 cm d'épaisseur environ, parfois garni de bandes de cuir pour protéger le haut des bras et des cuisses. Celui de notre homme est en lin épais rembourré de laine. Son poids est de 2 kg, voire plus lorsqu'il est mouillé de transpiration.

Durant la marche, le soldat ne coiffe pas son casque, mais le suspend sur la poitrine. Celui-ci est reconstitué d'après un artefact spectaculaire de l'ancienne collection Guttmann, trouvé semble-t-il dans les Balkans (avec une épée, un poignard et une dolabre), très similaire dans sa forme et ses proportions à un exemplaire découvert à Niedermörmter, sur le Rhin Inférieur, et dont on peut dater la mise en service vers la fin du IIe siècle apr. J.-C. Tandis que ce dernier est entièrement fait de laiton, le casque de notre personnage est essentiellement en fer, décoré d'appliques diverses, notamment de deux larges bandes perpendiculaires se croisant au sommet du timbre, sous une pièce cylindrique servant à tenir un solide anneau. Cette dernière version connue de la série des casques « Weisenau », inventée plus de deux siècles auparavant, est la seule à nous présenter un tel anneau, alors que différents reliefs, comme ceux des colonnes Trajane et Antonine, ou le sarcophage de Portonaccio à Rome, nous en montrent fréquemment. Difficile d'y voir un dispositif de suspension ; le casque ne serait pas plaqué sur la poitrine, mais roulerait continuellement dessus, occasionnant une forte gêne au soldat. Pour l'accrocher durant les marches, le moyen le plus commode est d'utiliser les lacets des garde-joues ou la poignée fixée sur le couvre-nuque. Cet anneau est sans doute purement décoratif, à moins qu'il ne serve à fixer une queue de crins de cheval ? Deux détails sont particulièrement remarquables : la visière ajourée tout d'abord, et l'incrustation ensuite, sur l'arrière du timbre, des silhouettes découpées dans une feuille de laiton de petites souris trottinant vers un fromage ou un pain.

Le bouclier du légionnaire est le fameux *scutum* semi-cylindrique. À partir du IIIe siècle, les représentations de ce modèle deviennent rares, supplantées par des formes ovales et lenticulaires. Nous savons cependant que le *scutum* reste en usage, grâce à la découverte d'un artefact exceptionnellement bien conservé (et de fragments divers) dans la ville syrienne de Doura-Europos, assiégée et détruite par les Perses Sassanides en 256 de notre ère. Depuis le Haut-Empire, on attribue traditionnellement les boucliers en forme de tuile aux seuls légionnaires, et aux auxiliaires les boucliers ovales (*parmæ*). Cette distinction doit être regardée avec beaucoup de prudence, car des légions ont été équipées également de *parmæ*, et certaines unités supplétives ont porté des *scuta*. Il est plus probable que ces différentes formes répondent à des besoins tactiques particuliers. Les dimensions du *scutum* syrien sont de 86 cm de largeur sur 102 cm de hauteur (sur les bords, et 106 cm au centre). D'une épaisseur de 6 mm seulement, le bouclier est fait de trois couches de fines planchettes de platane (de 3 à 8 cm de large), collées perpendiculairement et recouvertes de cuir. Les bordures sont protégées par des langues de cuir brut cousues, d'une grande résistance, remplaçant efficacement depuis des décennies les anciennes garnitures métalliques. Un trou de 12 cm de diamètre a été découpé au centre pour permettre le passage de la main qui agrippe la poignée, et un cadre de baguettes a été cloué à l'intérieur du bouclier pour le renforcer.

Nous savons, par un texte de Végèce, que chaque cohorte peint ses boucliers d'un motif propre, qui permet aux soldats de repérer facilement leur unité dans la cohue de la bataille. La décoration du *scutum* de notre légionnaire s'inspire de celle du bouclier de Doura-Europos. Le cuir est directement peint en rouge, avec en son centre un espace coloré en jaune pour encadrer l'*umbo*, maintenu par quatre clous de fer. Différents ornements disposés en guirlande agrémentent l'ensemble. Dans le chapitre inférieur, l'artefact syrien présente un lion, ce qui nous permet de l'attribuer à un soldat de la XVIe légion *Flavia*, dont c'est le totem animal (bien que la dernière légion identifiée à avoir été casernée dans le fort de Doura soit la IVe *Sythica*). Sur notre reconstitution, le lion a fait place à une cigogne, symbole de la Concorde, qui est l'insigne de la IIIe légion *Italica*.

Durant les étapes journalières, afin de préserver ces peintures et d'éviter que le bois n'absorbe trop d'humidité, ce qui aurait pour conséquence de l'alourdir et de le gondoler, les soldats rangent leur bouclier dans une housse en peau de chèvre (*tegimenta*). Le bouclier est ensuite porté à la main, soutenu par une sangle de cuir fixée à la poignée et passant sur l'épaule. Sur le haut de la housse est cousu un écriteau ajouré (*tabula ansata*) indiquant le nom de l'unité : LEG III ITAL. Une pièce de cuir rouge a encore été plaquée sous l'écriteau, afin que

les lettres ressortent davantage et soient plus lisibles. Le bouclier pèse 6 kg environ ; 7 kg avec sa housse de rangement.

Le légionnaire porte une large ceinture de cuir noir, soigneusement cousue, fermée sur le devant par une boucle carrée en bronze. L'extrémité de la ceinture est fendue en deux languettes lestées d'un pendentif. Dans un cuir coloré est également taillé un large baudrier (*balteus*) destiné à supporter l'épée (*spatha*). Nous savons par un artefact de Vimose, au Danemark, que ces bandoulières pouvaient être décorées d'appliques ou de broderies, dessinant des formes élégantes ou des animaux. Il s'agit cette fois encore de la cigogne, emblème de la IIIe légion, et d'une inscription propitiatoire courante à l'époque : UTERE FELIX (« uses-en pour être heureux »). Sur le devant du *balteus* est toujours fixée une phalère métallique, plus ou moins décorée, qui permet – grâce à un anneau rapporté sur l'arrière – d'attacher une sangle plus fine reliée directement au pontet de suspension de l'épée.

Celle-ci n'est plus le glaive court en usage au début de l'Empire, mais une arme plus longue, dénotant un changement radical de l'escrime romaine, et donc de la façon d'appréhender le combat. Le corps à corps n'est à l'évidence plus recherché. Le premier témoignage figuré de l'adoption de la *spatha* est visible sur quelques métopes du mausolée d'Adamklissi, commémorant les victoires de Trajan, et le premier indice archéologique est plus vieux de près d'un siècle, avec l'artefact découvert dans la tombe d'un soldat tué durant la bataille de Lyon, en 197. Avec une longueur de lame de 60 cm environ, et une largeur de 6 cm, la *spatha* de notre soldat appartient à la famille dite « Lauriacum-Hromovka », que les archéologues attribuent plus volontiers aux fantassins. Elle se distingue des *spathæ* de la catégorie « Straubing-Nydam », plus longues et plus fines, attribuées plutôt aux cavaliers. Notez la poignée en os.

Du fait de sa longueur, la *spatha* n'est plus portée sur le flanc droit, comme l'était le glaive. Pour la dégainer plus facilement, il est apparu nécessaire de la suspendre désormais à gauche. Sur l'autre hanche, le soldat fixe généralement un poignard, dont l'existence est bien attestée au IIIe siècle. Nous connaissons pourtant un autre type d'arme, que l'on peut qualifier de « semi-*spatha* », car elle en présente toutes les caractéristiques typologiques, excepté la longueur. De fait, elle ne peut être considérée comme l'arme principale, mais seulement comme arme d'appoint, à l'instar du poignard. Notre personnage porte une reconstitution réalisée à partir de plusieurs trouvailles. La lame est une copie d'un artefact conservé aujourd'hui au Ashmolean Museum d'Oxford. Elle est damassée. La poignée de bois est un assemblage à partir de découvertes effectuées à Zugmantel, Buch et Butzbach, en Allemagne, et les éléments métalliques du fourreau sont reproduits à partir de pièces exhumées à la Saalburg près de Francfort.

Nous ne savons pas précisément comment la semi-*spatha* était portée. Elle est ici suspendue à un fin baudrier, comme on peut le déduire d'après une stèle funéraire d'Aquincum en Hongrie. Nous ignorons en réalité si elle fut systématiquement portée en même temps que l'épée longue, ou si elle se substituait à celle-ci lorsque le soldat était en tenue « légère ».

La dernière arme offensive est la lance. Comme le montrent sans ambiguïté de nombreux reliefs, celle-ci est de nouveau employée dans les légions, et côtoie désormais le javelot traditionnel des légionnaires : le fameux *pilum*. Cette adoption est un autre indice de l'évolution des modes de combat de l'armée romaine. Les premiers rangs peuvent désormais faire face à une charge ennemie comme une antique phalange, bien calés derrière le mur des boucliers, lance en avant pour perforer homme et chevaux, tandis que les rangs arrière jettent par-dessus des nuées de projectiles. La longueur est difficile à estimer, car les images antiques ne sont pas fiables sur ce plan, et parce qu'il n'a jamais été retrouvé de lance romaine intacte. Elle devait cependant être comprise entre 2 et 3 mètres. Notez la hampe colorée, peinte d'après des fragments de Doura-Europos.

L'homme est vêtu d'un pantalon en laine bleue, et d'une tunique en laine rouge (notez les chevrons du tissu). Ces vêtements sont restitués d'après les nombreuses images antiques. Les tuniques se dotent de manches longues dès le IIe siècle, barrées de bandes de couleur, pourpre le plus souvent, de même qu'au bord inférieur et à l'encolure. On est en droit de supposer que la couleur rouge de la tunique n'est arborée que durant les opérations militaires. Le reste du temps, les tuniques sont plus communément blanches.

Aux pieds, notre légionnaires a chaussé des brodequins à œillets (*calcei*), d'un usage général au IIIe siècle, remplaçant les anciennes sandales militaires (*caligæ*). De telles chaussures ont été souvent retrouvées en fouilles dans les camps de Grande-Bretagne (Vindolanda), d'Allemagne (la Saalburg), ou encore de Syrie (Doura-Europos). Les semelles sont constellées de têtes de clou pour procurer au soldat une meilleure stabilité sur terrain meuble. Pour un meilleur confort, il est habituel de porter des chaussettes de laine.

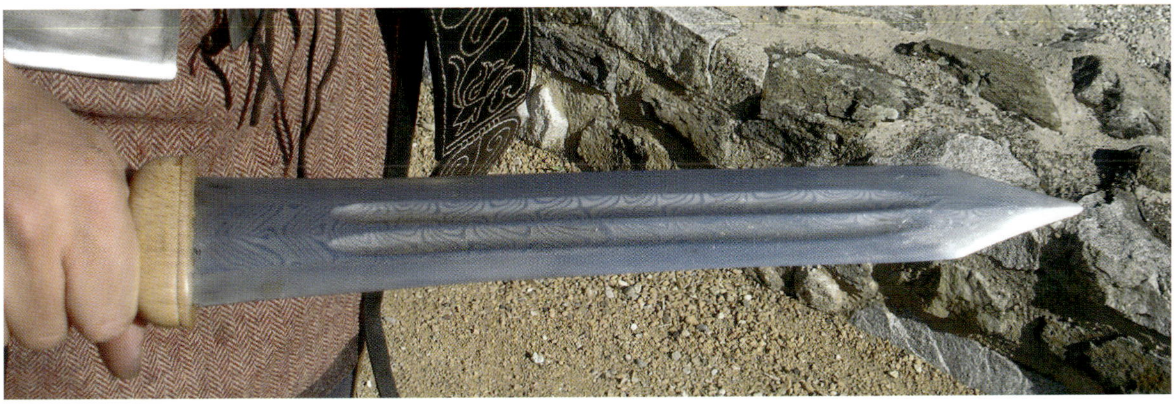

Beneficiarius
Legio XIV Gemina
Surveillance du *limes* de Rhétie
Vers 220 apr. J.-C.

Combattant, mais pas seulement...

Les soldats ne sont pas seulement des combattants. Beaucoup sont à la fois d'habiles ouvriers ou artisans, d'autres travaillent dans les bureaux ou à l'état-major d'un officier, comme secrétaire ou comptable. Certains ont la responsabilité de diriger les manœuvres (porte-étendards ou musiciens), d'autres encore ont des tâches d'encadrement ou d'entraînement. Toutes les compétences sont recherchées et mises à contribution depuis l'instauration de l'Empire par Auguste, qui, au moment de ses réformes militaires, décide d'officialiser toutes ces fonctions qui en deviennent du même coup des grades. Une hiérarchie complexe se met en place. Les soldats exerçant une seconde activité se voient exemptés de corvées : ils sont *immunes*. Autre signe de promotion, et non des moindres à leurs yeux, ils touchent de plus grosses rations alimentaires et une meilleure paie. Selon leur degré de qualification ou de responsabilité, celle-ci peut être deux ou trois fois plus importante que la solde de base. Il est rare que des soldats puissent accéder à de meilleures fonctions : les plus méritants, pour ne pas dire les plus chanceux, parviendront au rang de centurion, mais jamais plus.

Des hommes de confiance promus par faveur

Parmi les « sous-officiers » (*principales*) existe une catégorie de soldats à part : les *beneficiarii*, promus à un poste particulier par la faveur (*beneficium*) d'un officier supérieur, qu'il soit gouverneur provincial, préfet de camp, tribun de légion ou commandant d'unité auxiliaire, voire fonctionnaire de l'ordre équestre dans une province. On ne saurait traduire exactement cette appellation, car il n'existe aucun équivalent moderne. Les plus importants sont attachés au quartier général du gouverneur, qui peut en compter plus d'une centaine. Ils sont dits *beneficiarii procuratoris* si la province ne comporte que des unités auxiliaires, ou *beneficiarii consularis* s'il y a des légions dont ils seront alors issus. Une multitude de tâches peut être abandonnée à ces hommes de confiance. La plus commune est de tenir un poste sur l'un des axes de communication de l'Empire, notamment pour veiller à la sécurité du service postal (*cursus publicus*). D'après les inscriptions, il semble qu'un bénéficiaire ne soit jamais en poste plus d'un an ou deux, mais six mois semble être plus courant. En contact avec les populations locales, ils sont les représentants directs du pouvoir romain, ce qu'indiquent certains accessoires de leur tenue.

L'équipement

Notre soldat attend l'arrivée d'un haut personnage en tournée d'inspection. Peut-être est-ce l'officier à qui il doit d'avoir été promu au rang de bénéficiaire, et d'occuper aujourd'hui la responsabilité qui est la sienne, à savoir la surveillance d'un important relais routier. Il s'est habillé et équipé pour l'occasion, en mettant ce qu'il a de plus beau. En temps ordinaire, on peut aisément imaginer qu'il ne porte que des vêtements simples, pour le service journalier, et peu de pièces d'armement, excepté sans doute son ceinturon et son épée qu'il doit garder en toutes circonstances pour afficher son statut militaire.

Il s'est d'abord habillé d'une tunique blanche à manches longues, tissée en lin, agrémentée de bandes rouges. Ses braies sont en laine, blanches comme le veut la mode depuis le règne de Septime Sévère. Auparavant, ces pantalons étaient plutôt de couleur rouge. Mais la mode n'est que la mode, et personne n'est obligé de la suivre aveuglément ; l'armée romaine a de tout temps affiché beaucoup de couleurs ! Ses pieds sont chaussés de *calcei* formés d'une seule pièce, cousue sur de fortes semelles. L'empeigne est particulièrement ouvragée à l'emporte-pièce – technique dont témoignent plusieurs découvertes archéologiques. A cette époque, les fantassins peuvent porter des jambières dont le genou est articulé.

Par-dessus sa tunique, notre homme a passé une cotte de mailles aux manches longues, dont les extrémités, ainsi que le bas de l'armure, sont agrémentés de plusieurs rangées d'anneaux en bronze, dans un unique souci esthétique. Sous l'encolure, deux petites plaques de bronze partiellement argentées servent de fermoir. Elles sont fixées à l'aide d'agrafes métalliques, et se bouclent grâce à une longue goupille glissée dans deux œillets amovibles. Sa décoration est des plus classiques et se retrouve fréquemment sur des pièces d'équipement des IIe et IIIe siècles, notamment sur les accessoires des *hippika gymnasia* (voir p. 22-27). Celles-ci sont reconstituées à partir de plusieurs artefacts similaires découverts à Carnutum en Pannonie (aujourd'hui Vienne en Autriche). Sur l'un d'eux, l'unité de son propriétaire est inscrite en pointillé : la XIVe légion *Gemina*, alors casernée dans la ville. Le capricorne estampé dans le chapitre inférieur est l'insigne de cette légion. Sous l'aigle de Jupiter, deux divinités très vénérées des soldats se font face : Mars casqué et armé de la lance et du bouclier, ainsi qu'Hercule avec sa massue et sa peau de lion.

Depuis la plus haute Antiquité, les Romains accordaient des lances honorifiques aux meilleurs soldats, d'abord sans fer, puis avec (*hastæ puræ*). Les lances de bénéficiaires, que l'on peut identifier comme telles grâce à quelques reliefs funéraires, trouvent leur origine – selon toute vraisemblance – dans cette tradition. D'abord très simples et souvent très longues, elles se voient progressivement ajourées ou découpées sur les flancs, voire agrémentées d'appliques ou d'incrustations de laiton. Certaines sont percées de manière symétrique, pour la fixation de lanières lestées (comme on en voit généralement sur les enseignes ou les drapeaux) ou peut-être d'une tablette portant une inscription. Plusieurs de ces insignes ont été découverts ou sont encore visibles sur des monuments commémoratifs, comme le relief de la Chancellerie de Rome. Notre *beneficiarius* tient à la main la pointe la plus impressionnante retrouvée à ce jour, à Ehl en Alsace, mais conservée actuellement au musée de Wiesbaden. Elle mesure près d'un mètre de hauteur, et porte à son sommet un lourd gland de bronze. La hampe est peinte, comme il est habituel au IIIe siècle de notre ère.

La cotte de mailles est serrée à la taille par une ceinture de cuir soigneusement cousue. Une bourse est suspendue au côté droit. La boucle est reproduite d'après une trouvaille réalisée dans le fort d'Osterburken en Allemagne, et les deux pendentifs qui lestent l'extrémité de la lanière viennent quant à eux de Francfort sur le Main. Ces derniers représentent en miniature les pointes de lance attribuées aux bénéficiaires (et aux *speculatores*) comme symboles de leur charge. Il s'agit sans doute d'insignes qui permettent aux populations environnantes de reconnaître en ces hommes des agents du pouvoir auxquels ils doivent se référer en priorité. C'est le cas également de la broche qui fixe le manteau de laine du soldat, copiée d'un original trouvé à Mayence-Weisenau. De part et d'autre, on aperçoit également deux épées à pommeau annulaire (« Ringknaufschwerter »).

Cette épée longue est la *spatha* traditionnelle, mais pourvue d'une poignée caractéristique fréquente dans les régions germaniques, qui apparaît vers le milieu du IIe siècle et dont l'origine est peut-être sarmate. Garde et pommeau sont en bronze, parfois gravés de motifs géométriques, de palmes ou de guirlandes.

Le fourreau est en bois tapissé de cuir, gainé de métal et terminé par une large bouterolle circulaire. Le *balteus* est taillé dans le même cuir que la ceinture. Il est simple et porte un petit médaillon de laiton copié d'après un original du fort de la Saalbourg près de Francfort.

Pour compléter sa « grande tenue », ce bénéficiaire porte un large bouclier lenticulaire, dont le motif n'est pas un épisème d'unité. Il s'agit plus vraisemblablement d'un bouclier octroyé au soldat en guise de récompense. Il s'inspire d'un artefact exhumé presque intact dans la ville syrienne de Doura-Europos, représentant Mars peint sur fond bleu. Si la silhouette du dieu est fortement orientale sur le bouclier de Doura-Europos, nous l'avons occidentalisée sur notre reconstitution pour correspondre à la localisation du personnage. Nous nous sommes inspirés des représentations très communes de Mars sur les pièces d'équipement des *hippika gymnasia*. Conformément aux découvertes de Doura-Europos, ce bouclier est constitué de plusieurs couches de lattes de bois, collées perpendiculairement et tapissées de cuir peint. La bordure est en cuir brut cousu. La poignée est doublée d'une barre de fer. L'umbo est en bronze étamé, laissant apparaître les formes d'un aigle et de guirlandes diverses. L'original a été découvert à Mayence et est conservé à Wiesbaden.

Du type « Niederbieber », le casque en laiton a également été trouvé en Allemagne, dans le *vicus* du camp de Rainau-Buch. La pièce n'était pas terminée lorsqu'elle a été enfouie ou perdue ; la forme n'était qu'ébauchée, et le support de crête et la visière étaient manquants. Il est ici présenté dans une version achevée hypothétique, avec un long panache de crins blanc, qui pourrait être aussi un insigne de grade.

Cavalier auxiliaire *Ala I Flavia* *Hippika gymnasia* en Germanie Vers 230 apr. J.-C.

Les soldats font et défont les empereurs

Illégitime et incapable de vaincre les Parthes, Macrin est abandonné et tué par ses soldats, qui lui préfèrent le jeune Bassianus, petit-neveu de Caracalla, plus connu sous le nom d'Élagabale. Son règne des plus étranges le conduit à sa perte, et lui aussi est assassiné quatre ans plus tard, en 222, à l'âge de dix-huit ans. Son cousin, Alexandre Sévère, devenu empereur, imite à l'excès les gouvernements de Trajan, d'Antonin le Pieux ou de Marc Aurèle pour asseoir sa légitimité. Pour ce faire, il rétablit aussi le Sénat dans ses anciennes prérogatives. Mais l'Orient s'embrase. Sévère Alexandre part y mener la guerre avec des légions du Rhin et du Danube, et réussit à contenir les ennemis de l'Empire. Mais en Occident, Alamans et Marcomans profitent de la diminution des garnisons pour traverser les frontières. Pensant tout d'abord acheter la paix, l'empereur doit se résoudre à s'armer de nouveau et à les combattre. Mais, constamment sollicités au cours de ces guerres, les soldats prennent conscience de leur importance. Ils voient d'un mauvais œil les faveurs accordées au Sénat, qui témoignent selon eux d'un manque de considération à leur égard. En 235 apr. J.-C., ils assassinent l'empereur et choisissent un soldat (élevé au rang de tribun) pour lui succéder : C. Julius Verus Maximinus, dit Maximin le Thrace.

Joutes et entraînement à la fois

Grâce à un texte d'Arrien, qui fut officier de cavalerie au début du IIe siècle de notre ère et gouverneur de Cappadoce sous Hadrien, nous connaissons les joutes hippiques que pratique la cavalerie romaine ; exercice emprunté d'après lui aux Celtes, experts dans l'art équestre. À la fois parades et entraînements militaires, les *hippika gymnasia* mettent en présence deux équipes de cavaliers sur un stade aménagé et équipé d'une tribune pour les spectateurs. Les cavaliers s'élancent tout d'abord dans une charge selon une chorégraphie établie. Suit une série d'évolutions compliquées dans laquelle, sans mélanger ses rangs, chaque escadron suit ses enseignes, dont les fameux « dragons ». Dans un deuxième temps, une équipe se place à gauche de la tribune, tournant le dos à son adversaire, mais les cavaliers protègent leur dos et la croupe de leur monture avec leur bouclier. Cette disposition s'appelle la « tortue », comme dans l'infanterie. Cependant, deux cavaliers se détachent plus en avant, pour recevoir la pluie de javelots mouchetés jetés par la seconde équipe, lancée dans une sorte de ronde offensive. L'objectif pour les attaquants est de lancer un maximum de projectiles le plus rapidement possible et d'éviter que, dans le même temps, ils ne soient touchés par un javelot envoyé par des cavaliers de la première équipe, ce qui est un exercice particulièrement difficile. Une troisième phase consiste en une charge appelée « cantabrique », du nom du peuple espagnol des Cantabres, où il s'agit cette fois de lancer de longues lances de bois, lourdes et peu maniables.

L'équipement

Le texte d'Arrien est également une source de première importance pour connaître l'équipement des cavaliers des *hippika gymnasia*. Bien que l'expérience décrite date du début du IIe siècle, elle n'en reste pas moins précieuse pour se faire une idée de ce que furent encore ces joutes au IIIe siècle, et pour lesquelles nous connaissons également de très nombreux artefacts, dont certains furent même retrouvés dans de véritables dépôts, comme près d'Eining, ou à Straubing dans le sud de l'Allemagne, qui a révélé près de 120 pièces enfouies probablement à l'occasion d'une invasion de Germains vers 230 apr. J.-C.

La pièce la plus emblématique du cavalier des *hippika gymnasia* est son casque intégral, qui ne couvre pas seulement le crâne et les joues, mais aussi tout le visage, grâce à un masque métallique dessinant une figure humaine, avec souvent beaucoup de minutie. En bronze ou en fer, parfois recouverts d'un placage d'argent ou même d'or pour les meilleurs soldats et les gradés, afin d'être bien identifiés du reste des cavaliers par les spectateurs, ces casques « à visage » sont attestés au moins depuis le début de l'Empire par une découverte faite à Kalkriese, sur les lieux du désastre de Varus. Leur origine est cependant plus ancienne et non romaine. Les casques à visage assimilent les soldats à des héros statufiés, ce qui ne doit pas manquer d'impressionner les populations soumises tout en rehaussant le prestige de l'armée.

Ce type de casque est bien connu par les très nombreuses trouvailles. On distingue trois variantes chronologiques. La première se caractérise par une charnière frontale reliant la calotte à la visière, maintenue plaquée sur le visage par les garde-joues du casque, qui peut être un modèle basique d'infanterie ou de cavalerie : type Weisenau, Coolus ou Weiler. Ce premier masque très simple est parfaitement imberbe, simplement percé au niveau des yeux, du nez et de la bouche, pour dégager la vision et permettre la respiration. Le deuxième groupe comprend aussi deux parties, mais la chevelure ou un diadème sont désormais estampés sur la visière. La troisième version enfin est constituée de trois parties : dans la visière est découpée une forme trilobée contournant les yeux, le nez ainsi que la bouche. C'est un casque de ce dernier modèle qui coiffe notre cavalier. Daté de la fin du IIe siècle ou du début du IIIe siècle, celui-ci est reconstitué d'après un exemplaire en bronze découvert dans le camp de Francfort-Heddernheim en Allemagne, où fut caserné à cette époque l'escadron de cavalerie ALA I FLAVIA. La visière est fixée au timbre par un crochet situé au sommet, et l'ensemble est solidarisé par une sangle de cuir bouclée à l'arrière de la tête. Le haut du casque est estampé d'un visage, à la manière des anciens casques apulo-corinthiens ou de leur version attique plus récente. Une petite tête de gorgone est encore estampée sur le menton, qui se prolonge en une sorte de gorgerin pour protéger le cou du soldat.

Du temps d'Arrien, les cavaliers des *hippika gymnasia* arboraient des panaches clairs qui, flottant dans le vent durant les chevauchées, offraient un spectacle très agréable à l'œil. Au IIIe siècle, les crêtes sont plus généralement métalliques, souvent repoussées pour simuler des rangées de fausses plumes ou de crins. Sur notre reconstitution, le cimier est simple et agrémenté d'une tête d'aigle à son extrémité. Le masque, qui n'a pas été retrouvé sur l'artefact, a été ici ajouté.

Certains casques retrouvés affichent des traits féminins. On peut en déduire que des joutes simulaient des amazonomachies.

Si le casque est bien connu, la cuirasse en revanche, ou l'« habit », pose quelques problèmes. Arrien écrit : « *au lieu de cuirasse, ils portent des tuniques cimmériennes qui leur sont semblables, de couleur écarlate ou violette, ou encore multicolores* ». L'archéologie, les textes ou l'iconographie ne nous aident pas à savoir ce que sont ces tuniques cimmériennes. Nous avons choisi de représenter notre cavalier revêtu d'une tunique classique pour l'époque, à manches longues, avec des décorations typiques du IIIe siècle, au col, aux poignets et au bas de la tunique. Elle est de couleur violette, selon une indication d'Arrien. Par-dessus, il a enfilé un vêtement rembourré qui simule une cuirasse d'écailles. D'ordinaire métalliques, celles-ci sont en toile. Les cuisses et le haut des bras sont couverts par des lambrequins de tissus frangés ; l'ensemble ressemble ainsi fortement à un *thoracomachus*, ce sous-vêtement matelassé porté par les combattants sous leur armure, pour améliorer leur confort et offrir plus de résistance aux coups en absorbant les ondes de choc. Certaines statues d'officiers romains laissent suggérer que ce type de vêtement pouvait aussi se porter comme habit apparent, simulant une cuirasse sans en présenter aucun inconvénient, ce qui était en l'occurrence judicieux pour ces joutes sans réels dangers (il est cependant possible qu'un siècle plus tard, de véritables cuirasses soient aussi utilisées). Pour suivre le texte d'Arrien, celle-ci est rouge sur notre reconstitution, qui n'en reste pas moins hypothétique dans sa forme. Elle se boucle par deux sangles fixées sous le bras gauche, à l'endroit le mieux protégé par le bouclier.

Au milieu de la poitrine, une plaque pectorale est ajoutée, comme le veut l'habitude au IIIe siècle. L'archéologie nous en fournit de nombreux exemplaires. Celle-ci est copiée d'un artefact de bronze, partiellement étamé, découvert à Bertoldsheim (dans la Haute-Bavière). Elle figure Mars surmonté d'un aigle.

Aussi soignées sont les jambières, également en bronze étamé et finement estampées. Les motifs représentent Mars et Hercule (qui sont des figures très souvent associées sur les équipements d'*hippika gymnasia*), ainsi que des visages (ou des casques à visage ?) et des serpents. Ces deniers sont des représentations symboliques de la mort. La coque couvrant le genou (certaines jambières en sont dépourvues) est mobile grâce à une charnière, ce qui est plus pratique pour un homme à cheval. Portées ici sur des braies rouges galonnées de vert, « *non pas lâches comme chez les Parthes et les Arméniens, mais bien ajustées* » comme le précise Arrien, ces protections s'attachent sur la jambe par des lacets de cuir coulissant dans des anneaux rivetés sur les bords. Ces jambières sont reconstituées d'après une très belle pièce exhumée au camp de Regensbourg-Kumpfmühl. Une inscription nous permet de connaître le nom de son propriétaire : le décurion Avitianus. Aux pieds, le cavalier porte des *calcei* munis d'éperons en bronze.

Les motifs décoratifs des jambières se retrouvent sur l'*umbo* du bouclier, restitué d'après une pièce de l'ancienne collection Guttmann. Arrien nous dit que les boucliers des *hippika gymnasia* sont plus légers que ceux utilisés au combat, « *concourant à la vivacité et à la beauté des exercices* ». Celui de notre cavalier adopte une forme hexagonale et affiche un ensemble de peintures compliquées, plus agréables à l'œil dans le cadre de parades équestres. Les dessins s'inspirent d'une scène d'apothéose estampée sur un casque de joute du IIe siècle, découvert à Tell Oum Hauran en Syrie. Les guirlandes de fleurs peintes autour de l'*umbo* sont reproduites d'après les décors de boucliers retrouvés à Doura-Europos. La figure rayonnante dans le chapitre supérieur représente *Sol Invictus* (le « Soleil invaincu », divinité solaire associant des aspects de la mythologie d'Apollon et de Mithra. Ce nouveau culte connaît alors une grande popularité dans l'armée romaine.

Pour pouvoir escrimer lors d'un ultime exercice qui simule la poursuite de l'ennemi et le sabrage des fuyards (les cavaliers revêtent à cette occasion leur vraie cuirasse et prennent leur vrai bouclier), notre personnage est armé de la *spatha*. Sa lame fine avoisine les 70 cm de longueur : particularité qui l'intègre dans la catégorie des épées baptisée « Straubing-Nydam ». Notez la poignée tout en os et la bouterolle en bois de cerf ajourée de peltes, dont de nombreux exemplaires ont été exhumés. Le pontet de suspension de l'épée adopte la forme d'un dauphin en bronze, d'après une découverte d'Heilbronn en Allemagne. Grâce à cet accessoire, l'épée est suspendue à un baudrier de cuir coloré, soigneusement cousu et agrémenté d'appliques argentées, copiées d'artefacts de Zugmantel en Allemagne. Elles portent les inscriptions suivantes : OPTIME MAXIME CON(SERVA) NUMERUM OMNIUM MILITANTIUM (« Jupiter très bon très grand, protège tous tes soldats »). Durant la cavalcade, le cavalier doit lancer des javelots sans fer. Ceux-ci sont peints de cou-

leurs vives pour être vus plus facilement. Arrien écrit que l'impact d'une pluie de javelots fait un bruit effrayant.

Ceux-ci risquant de blesser le cheval à la tête, la monture est équipée d'un chanfrein richement ouvragé. Ses flancs sont protégés par le harnais, lui aussi très décoré.

L'enseigne que le cavalier arborera au cours de la joute se présente sous la forme d'une gueule de dragon béante (*draco*) en bronze, terminée par une longue manche à air qui se gonfle lors de la chevauchée, lui procurant un aspect terrifiant. Le tissu est rouge ici, mais Arrien écrit qu'il peut être aussi multicolore. Cette enseigne est reconstituée d'après un artefact retrouvé à Niederbieber en Allemagne.

Centurion et *vexillarius* *Cohors XX Palmyrenorum* Doura-Europos, Syrie Vers 240 apr. J.-C.

L'anarchie militaire

Après l'anéantissement de la dynastie des Sévères, en 235, commence une période d'anarchie qui va durer trente-trois ans ; chaque armée voulant choisir elle-même le futur empereur, s'opposant aux volontés du Sénat dont le candidat est le proconsul Gordien I. Mais ce dernier est battu et tué avec son collègue et fils Gordien II. Le Sénat légitime alors en urgence deux autres empereurs, car une nouvelle menace se profile en la personne de Maximin, soldat d'origine thrace à la force brutale, promu à la pourpre impériale par ses hommes, qui l'assassinent cependant peu après. En 238 apr. J.-C., les deux empereurs du Sénat se brouillent et sont à leur tour exécutés par leurs soldats, qui assoient ensuite sur le trône le jeune Gordien III. Inexpérimenté, celui-ci peut heureusement compter sur son préfet du prétoire, C. Furius Sabinus, remplacé à sa mort par Philippe l'Arabe en 243. L'année suivante, celui-ci fait mourir l'empereur et prend sa place. À cette époque, les Goths traversent une nouvelle fois le Danube. Leur menace paraît si grande que les légions en poste dans ces contrées perdent confiance en Philippe et élisent Trajan Dèce, gouverneur de Mésie et de Dacie. À leur tête, ce nouvel usurpateur vient en Italie battre et tuer son concurrent à Vérone en 249. Ceci fait, il s'en retourne contre les Goths, mais il est à son tour tué dans une ultime bataille. C'est la première fois qu'un empereur romain meurt au combat.

L'ennemi perse

À l'ouest de l'Empire, si le Germain est l'ennemi séculaire, à l'est, c'est le Parthe puis le Perse. À partir de 160 apr. J.-C., les Romains prennent le contrôle du nord de la Mésopotamie, et notamment de la place de Doura-Europos. Moribonde, la dynastie parthe des Arsacides laisse la place vers 230 apr. J.-C. aux Perses Sassanides, autrement plus puissants et bien résolus à chasser les Romains. Opposés à la culture hellénistique, ils ambitionnent de recréer l'ancien empire perse et de l'étendre à l'Asie Mineure, à la Grèce et à l'Égypte. Ils envahissent la Mésopotamie en 231 et n'ont qu'une envie : reprendre Doura-Europos.

Située aujourd'hui près du village de Salhiyé en Syrie, cette ville est édifiée en 303 av. J.-C. par les Séleucides. Idéalement placée au carrefour de la voie commerciale est-ouest et du cours de l'Euphrate, dont elle domine les rives de près de 100 m, sa vocation est alors essentiellement commerciale. Pour assurer la protection des échanges, Doura-Europos entretient une milice armée levée localement, soutenue plus tard par une troupe de mercenaires palmyréniens,

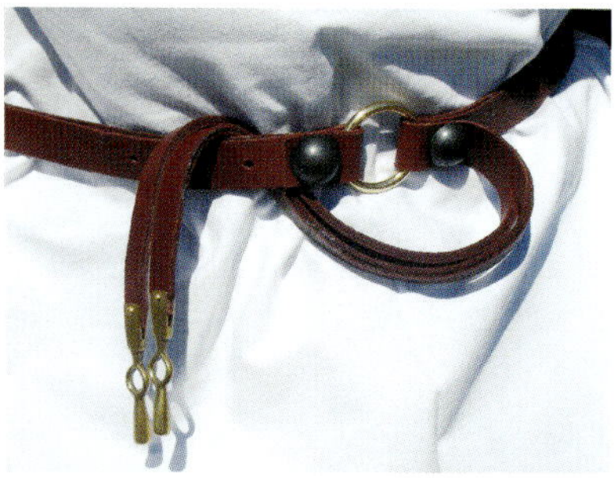

composée d'archers à cheval. L'importance stratégique de la place la positionne au cœur de la rivalité entre Romains et Perses. En ce milieu du IIIe siècle apr. J.-C., sa garnison composée de la XXe cohorte auxiliaire de Palmyréniens et peut-être d'une *vexillatio* de la légion IV *Flavia Firma* devra bientôt devoir subir un siège.

Les équipements

Les deux hommes s'apprêtent à participer à une cérémonie religieuse dans les *principia* (quartiers généraux) du camp de Doura-Europos, présidée par le tribun Julius Terentius. Cette scène et ces personnages nous sont connus par une peinture murale du Temple de Bel à Doura-Europos. Entouré des statues des dieux, le tribun sacrifie sur un petit autel devant l'assemblée des soldats. Devant se tient un *vexillarius*.

Nos deux soldats portent de beaux habits. L'occasion les dispense du port de leur équipement militaire, bien que la fresque nous les montre tout de même armés de leur épée.

Le *vexillarius* est vêtu d'une tunique de lin blanc, qui est sans doute la couleur portée traditionnellement lors des occasions spéciales, telles que les parades, les commémorations ou les fêtes religieuses. Le rouge devait être uniquement arboré au combat, et d'autres couleurs utilisées pour les travaux journaliers salissants. Mais ce n'est là qu'une hypothèse, suggérée par trop peu de documents pour être considérée comme définitivement juste. La tunique de notre porte-drapeau est décorée de bandes de couleur pourpre, au bas, à l'encolure et sur les manches. Elles sont peintes, mais pourraient être aussi brodées ou plus souvent tissées dans la masse. Ces embellissements, nettement visibles sur la peinture de Doura-Europos, sont très communs à l'époque, et correspondent effectivement à des fragments textiles retrouvés dans cette ville. Sa ceinture est d'un modèle simple et très classique au IIIe siècle, avec boucle en anneau. Les deux lanières découpées à l'extrémité sont lestées d'un pendentif en « goutte d'eau », avec au centre un anneau. De telles pièces ont été retrouvées sur le site. Notez la façon de les glisser dans le ceinturon et de les laisser pendre.

Son pantalon est en laine ; bleue, semble-t-il (les couleurs sur la fresque sont un peu délavées et ne sont pas nettement identifiables). Il porte également un large manteau de laine. Sa couleur brun orangé est commune à tous les soldats auxiliaires de la cohorte visibles sur la fresque, excepté les officiers. Ce vêtement est maintenu ici par une fibule cruciforme en bronze, reproduite d'après des artefacts similaires trouvés sur le site.

Le *vexillarius* est le porteur d'un *vexillum*, sorte de petit drapeau fixé par une traverse au bout d'une hampe. Il en existe plusieurs sortes. Certains sont mis à la tête de détachements spéciaux de l'armée, et affichent en lettres rouges sur fond blanc les noms des corps de troupes concernés et de leur commandant. D'autres sont réservés à des cérémonies particulières, comme c'est notamment le cas ici. Il est de couleur rouge, liseré de jaune et frangé, conformément à la fresque. Un motif est peint au centre du drapeau, mais il ne peut être clairement identifié ; on peut peut être deviner une figure féminine ailée. Nous nous sommes inspirés d'un *vexillum* découvert intact en Égypte, et conservé aujourd'hui à Moscou. Il représente une Victoire aux ailes déployées, debout sur un globe et tenant dans les mains une couronne et une palme, symboles de succès. Le sommet de la hampe est pourvu d'une décoration circulaire dorée et argentée. La tête de lion centrale est imaginaire ; peut-être le médaillon présentait-il le portrait de l'empereur régnant. Le second personnage est peut-être un centurion, bien qu'aucun cep de vigne (*vitis*), symbole de son rang, ne le distingue ainsi. Comme le tribun Terentius, son manteau blanc le différencie du reste des simples soldats. Il est à noter sur la fresque que cet homme est blond : détail qui suggère un officier muté dans cette garnison syrienne, alors que les soldats auxiliaires de la XXe

cohorte de Palmyréniens sont plutôt recrutés localement. Tous portent du moins la barbe, comme le veut la mode du temps.

Sa tunique blanche est décorée également de pourpre, avec deux croix gammées (svastikas) sur le bas : antiques symboles solaires indo-européens. Ce motif se retrouve sur la fibule accrochée au manteau, et dont plusieurs variantes ont été retrouvées à Doura-Europos. Les extrémités des branches prennent la forme d'une tête animale. Ses braies ont une teinte vert olive, tirant sur le brun, avec deux bandes plus claires liserées de noir au-dessus des genoux, comme le montre la fresque. La tunique est serrée à la taille par un ceinturon militaire classique, de couleur rouge bordeaux comme paraît l'indiquer la peinture murale. L'extrémité est fendue en deux lanières lestées d'un pendentif. La décoration singulière est faite de petites lettres de bronze, rivetées sur le cuir de manière à écrire une expression propitiatoire courante aux IIe-IIIe siècles : FELIX UTERE (« uses-en pour être heureux »). La base du premier « E » de UTERE est complétée d'un anneau servant à la fixation d'une bourse. Ces éléments sont reproduits d'après une très belle découverte de Lyon, datée de la fin du IIe siècle.

La tunique : plus qu'un vêtement, un objet de prestige

L'évolution de la silhouette du militaire romain à partir du IIIe siècle de notre ère ne se limite pas au seul armement. Les influences extérieures touchent également la mode vestimentaire de l'ensemble de la population romaine et, de fait, les militaires également. À une époque où la notion d'uniforme n'existe pas, le légionnaire romain du Bas-Empire est vêtu de la même manière qu'un civil. En dehors du service armé, seul le *cingulum* le distingue du reste de la population comme en témoignent les nombreuses mosaïques et peintures de cette époque, visibles par exemple à la villa de Piazza Armerina (Sicile), ou encore au musée du Bardo (Tunisie). Le port des braies se généralise et les tuniques, désormais à manches longues, s'ornent de motifs de plus en plus complexes, d'inspiration orientale.

Sous le Haut-Empire, les tuniques militaires sont normalement de couleur unie. L'usage de bandes colorées verticales (*clavi*), de part et d'autre de l'encolure, existe cependant. Au IIIe siècle, les tuniques se décorent de bandes aux manches, en nombre variable, souvent de couleur pourpre, mais aussi autour de l'encolure et au bas du vêtement. Des éléments en forme d'angles à 90° apparaissent, comme des pointes triangulaires. Ils sont tissés dans la masse, mais peuvent être aussi brodés et plus rarement peints. Au IVe et au Ve siècles, ces embellissements s'intensifient.

Bien que de nombreuses variantes existent, l'abondance des découvertes archéologiques permet de dégager un schéma de décoration « standard ».

1 - Décorations d'épaules et d'encolures

- À l'emplacement des épaules, sont tissés des *orbiculi* (ronds) ou des *tabulæ* (rectangulaires ou carrés) décorés de motifs anthropomorphiques, souvent tirés du panthéon polythéiste gréco-romain, mais également d'inspiration animalière, florale ou géométrique.
- De part et d'autre de l'encolure se situent les *clavi*, bandes verticales de longueur et de largeur variables, descendant le plus souvent au milieu du buste et du dos et s'achevant par un motif foliacé ou discoïdal. Les motifs ornant les *clavi* sont à l'unisson du thème choisi pour la décoration de la tunique parmi ceux évoqués précédemment.

2 - Décoration des manches

- Il s'agit le plus généralement de deux galons reprenant les motifs décoratifs des *clavi*. Sur certains exemplaires datés du IIIe siècle, le nombre de galons est plus variable.

3 - Décoration du bas de la tunique

- Les tuniques les plus sobres se contentent de quatre *orbiculi* ou *tabulæ* (deux à l'avant et deux à l'arrière) reprenant les motifs de ceux situés aux épaules. Les modèles les plus décorés sont également dotés de *clavi* ornant le bas de la tunique et remontant parfois jusqu'au niveau des hanches, qui reprennent les motifs des *clavi* encadrant l'encolure.

Cette mode dure dans l'empire romain d'Orient au moins jusqu'au XIe siècle, comme en témoignent certains modèles retrouvés en Égypte, qui, bien que devenue musulmane, a conservé ces traditions vestimentaires.

Marin de la flotte de Ravenne
Campagne contre les Goths
Asie Mineure
256 apr. J.-C.

L'Empire est fractionné

À la mort de Trajan Dèce, en 251 apr. J.-C., les légions choisissent le gouverneur de Mésie pour lui succéder : Trébonien Galle. Celui-ci achète la paix auprès des Goths, mais ces derniers n'en respectent pas les conditions. Le gouverneur Æmilien parvient à les repousser et promet à ses soldats de leur verser l'or promis aux Goths. Il ne leur en faut pas plus pour qu'ils l'acclament empereur. En 253, une bataille oppose les deux prétendants au trône, au cours de laquelle Trébonien Galle trouve la mort. Après sa victoire, Æmilien est aussitôt reconnu par un Sénat en plein déclin. Mais le nouvel empereur devient vite un sujet de mécontentement pour ses soldats qui l'assassinent la même année. Il est remplacé par le gouverneur de Germanie, Valérien. Ne se sentant pas de taille pour affronter seul autant de difficultés et d'ennemis, Valérien introduit une réforme qui inaugure le fractionnement du pouvoir, et donc de l'Empire, en se réservant les provinces orientales et en nommant son fils Gallien à la tête des provinces occidentales.

Rome, une puissance navale également

L'histoire de Rome est très liée à celle de la mer. S'ils se considèrent avant tout comme un peuple de terriens, les Romains ont accru leur puissance au fil des siècles grâce à leur marine. Leur première flotte est construite en 311 av. J.-C. Durant les guerres puniques, elle rivalise avec celle de leur adversaire carthaginois avec succès, et permet d'écraser les pirates qui infestent alors la Méditerranée à la fin de la République. Auguste et Agrippa réforment la marine entre 27 et 15 av. J.-C. et en font un instrument militaire fort de plusieurs escadres, dont deux « prétoriennes » sont stationnées à Misène et Ravenne, avec une soixantaine de navires chacune. Cent trente autres vaisseaux sont répartis dans différentes provinces. Tous facilitent le transport des troupes et l'expansion de l'Empire. Aucun adversaire n'est alors capable de s'opposer sur mer. Pourtant, en 256 apr. J.-C., les Goths constituent une flotte le long de la mer Noire et attaquent par surprise les bases sur le Danube et dans le Caucase, capturant au passage de nombreux bateaux romains. De là, ils lancent des raids sur la Grèce et l'Asie Mineure. Les Romains parviennent à les stopper un temps, mais ils réapparaissent en 268 contre les îles de Chypre, Rhodes et Crète, avant d'être anéantis par le nouvel empereur Claude II, qui prendra le surnom de « Gothique » en mémoire de ses exploits.

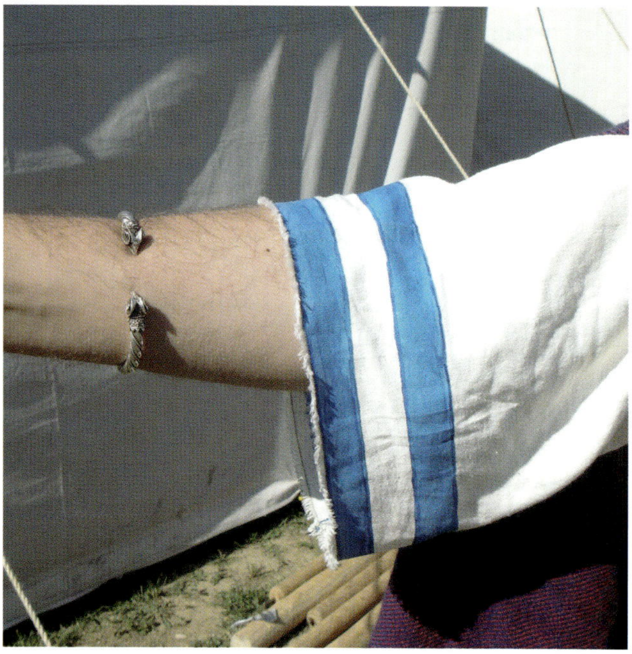

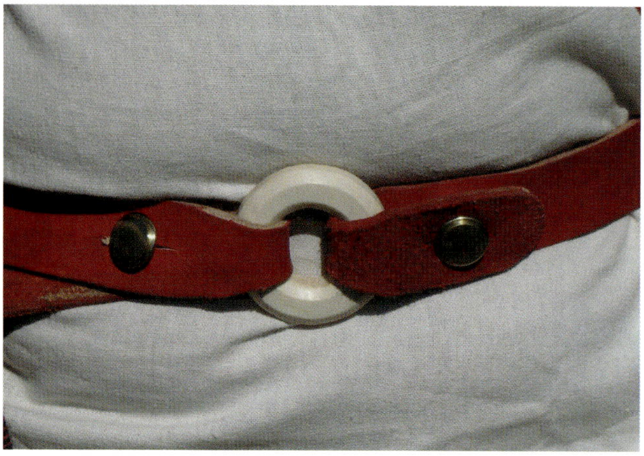

L'équipement

Ce soldat, qui surveille la mer du haut de la côte Adriatique, est un marin de la flotte de Ravenne. N'étant pas exposé directement au danger du combat, il n'arbore qu'un équipement très léger, inspiré de la stèle du marin T. Flavius Sebastianus embarqué sur le vaisseau baptisé « Victoire ». Il ne porte que des braies courtes (*feminalia*) et une simple tunique, en lin blanc. Les manches sont larges, ce qui s'avère moins gênant dans l'exécution des nombreuses manœuvres qu'impose un navire de guerre. Elles sont barrées de deux bandes bleues tissées dans la masse. À cette époque, la plupart des tuniques sont beaucoup plus décorées que celle-ci, mais ce soldat ne dispose que d'une solde médiocre qui réduit fortement son pouvoir d'achat… et une belle tunique est alors sans doute l'une des pièces les plus coûteuses qui soient. Les marins sont en effet les militaires les moins bien considérés de l'armée romaine, et les moins bien payés ; moins encore que les fantassins auxiliaires. Leur temps de service est en outre le plus long de tous. Notre homme a préféré investir ses économies dans un superbe manteau de laine bigarré. Les fils de trame sont bleu foncé et les fils de chaîne rouges, ce qui procure à l'ensemble cette belle teinte violacée. Des galons jaunes et bleus ont été ajoutés sur le bord inférieur, ainsi que des franges qui sont alors très appréciées. La stèle d'un marin de la flotte de Misène témoigne aussi d'une variante, par l'ajout de pompons dans les coins du manteau.

La tunique est serrée à la taille par un ceinturon de cuir coloré. L'anneau qui fait office de boucle est

des plus typiques, mais il est ici en ivoire, alors que la plupart sont en métal. Les extrémités de la ceinture passent dans l'anneau et sont rabattues de part et d'autre, tenues par un bouton de laiton.

En sautoir, accrochée à un baudrier de cuir rouge agrémenté de broderies et d'éléments décoratifs argentés, le soldat porte une semi-*spatha* d'une quarantaine de centimètres de longueur. Bien que le compilateur Végèce en témoigne dans ses écrits (II, 15-16), et que l'archéologie en révèle également quelques exemplaires (notamment un lot de 14 pièces découvert à Kuenzing, dans l'ancienne Rhétie), on ne sait pas exactement si cette arme se portait en complément ou à la place d'une longue épée. Le choix était peut-être tout simplement laissé au soldat lui-même. La lame est damassée, c'est-à-dire qu'elle est forgée à partir de plusieurs barres de fer torsadées de composition variable, ce qui lui donne cet aspect moiré caractéristique. Les forgerons romains étaient très habiles pour « dessiner » ainsi les motifs les plus divers sur leurs lames.

Comme souvent sur les *spathæ* et les glaives romains, les poignées combinent un pommeau et une garde en bois avec une fusée en os. Celle-ci est rainurée pour une meilleure préhension des doigts. La forme de la garde est fréquente au IIIe siècle, tout comme la bouterolle du fourreau en forme de pelte. Cette gaine est faite d'une structure de bois recouverte de cuir et sur laquelle est fixée une barrette de suspension destinée au passage du baudrier.

Notre marin est encore armé de plusieurs javelines aux hampes peintes. Les fers adoptent des formes différentes : pyramidales ou barbelées ; ces dernières étant capables de provoquer de plus terribles blessures encore si on cherche à les extraire, car elles déchirent les chairs.

Pour se préserver des traits adverses, l'homme dispose enfin d'un bouclier lenticulaire de dimensions réduites. Celui-ci est décoré d'une Victoire brandissant une palme et une couronne, et de divers motifs en rapport avec la mer : des dauphins, une rame et le trident de Neptune.

Le port du casque ne lui est pas nécessaire dans sa mission de reconnaissance, mais il s'est tout de même coiffé d'un bonnet « pannonien » pour se garantir contre les brûlures du soleil. Celui-ci n'est qu'un simple cylindre de peau, poils à l'extérieur, mais il pourrait être aussi en cuir ou en feutre. De tels couvre-chefs sont très fréquents sur les reliefs militaires du IIIe au Ve siècle apr. J.-C.

Cornicen de milice populaire Défense contre une invasion germanique Augusta Vindelicum 24 avril 260 apr. J.-C.

Les barbares sont partout

Lors d'une expédition contre les Perses, Valérien est capturé et exécuté en 259 ou 260 apr. J.-C. L'Empire se disloque et les légions d'Occident acclament chacune leur candidat au trône, en Gaule, en Pannonie et Mésie, en Espagne et en Bretagne… L'Orient se montre plus soudé pour résister aux Perses, mais là aussi les commandants romains se font la guerre pour le pouvoir. Tandis que l'Empire épuise ses forces dans ces querelles fratricides, les barbares en profitent. Les Alamans envahissent l'Italie et ne sont repoussés qu'à Milan par Gallien ; les Francs pénètrent en Gaule et en Espagne ; les Goths, les Hérules et les Sarmates saccagent les rives de la mer Noire et débouchent en Grèce et en Asie Mineure. Se sentant abandonnée et obligée de se défendre seule, chaque province choisit son propre chef. L'Histoire les appellera les « trente tyrans ». À la fin de l'année 268 apr. J.-C., Gallien est assassiné. Arrive alors à la tête de l'Empire un homme de valeur qui rétablit la situation : Claude II, dit « le Gothique », titre qui lui est octroyé après sa victoire écrasante contre ce peuple à Naissus en 269. Claude meurt de la peste quelques mois plus tard. Il est remplacé par un autre général, également excellent, Aurélien, qui arrête *in extremis* les Vandales, les Jutes et les Alamans à Pavie et à Fano en 271. Pour mieux assurer la défense de l'Empire, celui-ci consent à l'amputer du saillant de la Dacie qu'empruntent régulièrement les barbares. Il fait aussi construire une muraille qui porte encore son nom autour de la ville de Rome.

Tous les bras sont mobilisés

La présence militaire romaine en Germanie s'établit vers 15 av. J.-C. Les Romains construisent la ville d'Augsburg (Augusta Vindelicum), qui devient queiques décennies plus tard le centre administratif de la province de Rhétie et le siège du gouverneur. En 121, l'empereur Hadrien en fait un municipe. Elle devient par la suite une place importante dans le dispositif défensif romain contre la poussée germanique, notamment sous Marc Aurèle (161-180), et surtout au IIIe siècle lors des premières grandes invasions. À cette époque, les barbares attaquent le *limes* (frontière fortifiée) et s'engouffrent au cœur de l'Empire. Pour parer à la menace, beaucoup d'habitants sont enrôlés dans une sorte de milice (*populares vindelicenses*), et combattent les Germains dans une grande bataille qui a lieu les 24 et 25 avril 260 devant les portes de la ville. À cette époque, le camp romain de Niederbieber en Allemagne est dévasté. Cette défaite a laissé des traces et des vestiges archéologiques (notamment d'exceptionnels éléments d'enseignes militaires) qui permettent de mieux entrevoir ce que fut l'armée romaine en ce milieu du IIIe siècle.

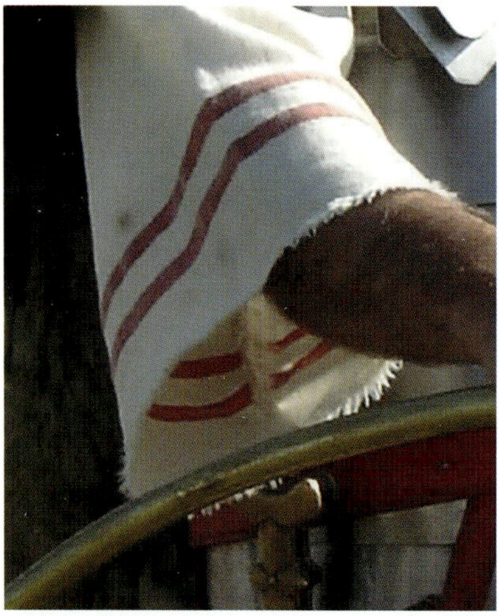

L'équipement

Nous ne savons pas exactement comment étaient armés et équipés les habitants d'un territoire mobilisés pour faire face aux invasions sporadiques des Germains. Sans doute des arsenaux communaux devaient y pourvoir largement, mais « dans la limite des stocks disponibles ». En ces temps rudes, surtout sur la frontière nord de l'Empire, beaucoup d'habitants devaient éprouver la nécessité de se défendre eux-mêmes, et devaient donc se constituer un équipement, pour eux-mêmes et pour leurs gens (parents, familiers, esclaves...). Ces panoplies devaient naturellement varier selon la fortune de leur propriétaire et offrir le spectacle d'une armée fort disparate. De fait, nous pouvons considérer que notre homme est un « bourgeois » qui a investi sans doute une certaine somme pour acheter cet ensemble, peut-être directement à un vétéran, car certaines pièces d'équipement ont été manifestement fabriquées pour l'armée.

Il porte de courtes braies et une tunique à manches mi-longues, en laine blanche, décorées de bandes rouges tissées dans la masse. Ces vêtements peuvent être considérés aussi bien comme militaires que comme civils. Par-dessus, notre homme a enfilé un pourpoint matelassé (*thoracomachus*) destiné à rendre plus confortable le port de l'armure. Le bas est garni de courtes ptéruges de cuir arrondies pour protéger le bas-ventre. Sa cuirasse est une *lorica segmentata* du type Newstead, telle qu'elle est déjà présentée et détaillée en pages 12-17. Il est peu habituel de voir un musicien de l'armée romaine qui ne soit pas équipé de la classique cotte de mailles. Pourtant, un relief antonin inséré dans l'arc de Constantin à Rome montre un sonneur de *tuba* (trompette droite) arborer une telle cuirasse de plates.

Sur la tête, notre homme porte un casque en fer décoré de laiton, du type Niederbieber. Il est muni d'un renfort cruciforme sur le haut du timbre, et d'une visière sur le front. Ses garde-joues très enveloppants se superposent sur le menton et se bouclent par un ergot. Cette pièce est reproduite d'après un artefact très similaire d'Heddernheim conservé au

musée de Francfort. Selon notre vision traditionnelle des musiciens ou porte-enseignes romains, notre homme porte une dépouille animale pour coiffer son casque. Il semble plus fréquent que cette pelisse soit posée à même la tête, peut-être sur un simple bonnet. Mais cette coutume, bien attestée pour le Haut-Empire par les reliefs commémoratifs ou funéraires, n'est en réalité peut-être plus en usage au IIIe siècle de notre ère, car l'iconographie antique – avare il est vrai – n'en témoigne plus. Les dernières images de musiciens revêtus de pelisses nous sont fournies par la colonne Antonine et le sarcophage Ludovisi de la fin du IIe siècle. Il s'agit ici d'une peau de loup, mais Végèce nous parle plutôt d'une peau d'ours, que l'iconographie antique nous présente découpée en arrondi dans le dos pour en alléger la charge, la privant de sa moitié inférieure.

Son instrument est le *cornu* : grande trompe enroulée et rigidifiée par une traverse de bois moulurée. Il sonne normalement pour diriger les porte-enseignes sur les champs de bataille, mais on l'entend aussi lors des cérémonies religieuses.

Le reste de son équipement est des plus classiques pour l'époque. Une ceinture de cuir ceint l'armure, fermée par une boucle carrée en laiton dans laquelle sont insérées les deux extrémités, arrimées par deux boutons circulaires du même métal. Celles-ci sont longues et fendues en deux minces lanières lestées d'un pendentif. D'ordinaire, l'iconographie militaire du IIIe siècle révèle cette façon de faire uniquement sur une seule extrémité de la ceinture. Le *balteus* qui supporte l'épée est également confectionné en cuir rouge. Comme sur le cavalier des pages 22-27, il arbore la même phalère ajourée et le même élément de lestage que les fouilles archéologiques ont mis plusieurs fois en évidence. Cette épée est la *spatha* traditionnelle. Sur l'autre hanche, le poignard revient en force au IIIe siècle. Sa lame est plus large que celle de son prédécesseur du Haut-Empire, et sa poignée se termine classiquement par une lunule. Comme sur les exemplaires républicains, le fourreau est de nouveau constitué d'une gaine métallique ajourée.

Son bouclier est la *parma* ronde et lenticulaire, d'un petit diamètre, car plus pratique pour un homme occupé à sonner d'un instrument volumineux. La décoration est des plus classiques : des Victoires, Hercule et Mars, ainsi que des figures de Minerve. On distingue nettement la bordure cousue de cuir brut.

Porte-enseigne auxiliaire palatin des *Brachiati Iuniores* *Adventus* à Trèves vers 300 apr. J.-C.

De l'anarchie à la Tétrarchie

En Orient, Aurélien doit abattre la domination grandissante de la reine Zénobie qui ambitionne de créer un grand royaume syrien indépendant. En 273, il l'assiège dans Palmyre et la capture. Tout l'Orient retombe dans l'obéissance, ce qui inspire l'Occident qui revient à plus de calme. L'Empire se voit de nouveau unifié, et Aurélien gratifié du titre de *Restitutor Orbis*. Mais, en 275, l'empereur est assassiné lors d'un complot de généraux. Mettant un terme à une tradition néfaste, les légions refusent désormais d'élire leur candidat et demandent au Sénat de faire ce choix. Un temps décontenancé, celui-ci met sur le trône son doyen Tacite, mais il est tué lors d'une émeute de soldats. L'anarchie recommence et voit émerger un des meilleurs généraux d'Aurélien : Probus. Lui aussi est victime d'une conjuration militaire, comme son successeur Carus et ses fils, en 282. Les généraux choisissent en fin de compte le commandant de la garde prétorienne : Dioclétien.

Deux Augustes et deux Césars

Une fois installé sur le trône, Dioclétien montre toute l'étendue de sa sagesse et de son pragmatisme. Il entreprend une grande réforme militaire et financière. Mais sa décision la plus marquante est le partage de la fonction suprême, car il est conscient qu'un si vaste Empire ne peut se diriger d'une seule voix. Il appelle à ses côtés un vieux compagnon d'armes, d'origine modeste, Maximien, auquel il donne le titre de César, puis d'Auguste en 286 (c'est-à-dire qu'il en fait alors son égal), après sa victoire sur les bagaudes en Gaule. À cette époque, les barbares repassent le Rhin, et le préfet de la flotte romaine, Carausius, s'autoproclame Auguste et s'empare de la (Grande-)Bretagne. L'Orient est aussi en proie aux coups de boutoir des Perses. Les deux empereurs combattent sur tous les fronts et maintiennent l'unité de l'Empire, malgré l'arrivée de nouveaux ennemis. Estimant que deux hommes ne suffisent plus à la tâche, ils adoptent deux « Césars », destinés à les seconder et à les remplacer à leur mort : Galère pour Dioclétien, et Constance (surnommé « Chlore » en raison de sa pâleur) pour Maximien. C'est l'époque de la Tétrarchie. Pour mettre un terme à l'anarchie des décennies passées et empêcher toute nouvelle proclamation de rivaux par leurs armées, Dioclétien décide de réorganiser l'Empire en séparant les pouvoirs civils et militaires. Les provinces sont fractionnées et désormais gouvernées par des *præsides* civils, et les forces combattantes confiées à des *duces*. Les provinces sont réunies en douze *dioceses* dirigées chacune par un *vicarius*.

L'équipement

Sur le plan militaire, Dioclétien accroît les effectifs jusqu'à un demi-million d'hommes, multipliant les postes d'officier et renforçant les gardes du corps par la création d'unités nommées *comitatenses* et *milites palatini*. Le nombre des légions augmente, mais celui des soldats dans chacune d'elles diminue. Les armes et équipements militaires sont standardisés, et leur fabrication confiée à des sortes de manufactures impériales spécialisées réparties sur tout l'Empire. Mais il faut un certain temps pour mettre en chantier un si vaste projet, et beaucoup d'anciennes pièces d'équipement continuent logiquement d'être utilisées. Notre soldat illustre cette période de transition.

Ce soldat des *Brachiati Iuniores* participe aujourd'hui à un *adventus*, autrement dit à un défilé militaire tel qu'il s'en organisait lors des triomphes, mais qui se font désormais en armes au Bas-Empire. Il a endossé son plus bel équipement pour l'occasion. Il porte une élégante tunique, dont la facture est à mi-chemin entre le IIIe et le IVe siècle ; entre les tuniques à simples bandes (*clavi*) et les broderies de plus en plus compliquées. Notre soldat est un *principalis* (sous-officier) qui, contrairement à l'habitude de ne pas porter d'armure, semble-t-il, dans les unités auxiliaires, destinées à former l'infanterie légère, a préféré quant à lui arborer une protection corporelle. Il s'agit en l'occurrence d'une cotte de mailles renforcée aux épaules par des plaques de fer articulées, dont les deux moitiés d'encolure se lacent sur la nuque. Issu de l'ancienne collection Guttmann, l'artefact qui a permis cette reconstitution porte, encore gravé, le nom de son propriétaire, un certain Quintus Aemilius.

Cette pièce archéologique laisse entrevoir ce que pouvait être une armure composite, mélange de mailles, de plaques ou encore d'écailles, connue du moins par les descriptions des cavaliers cuirassés (*clibanarii* ou *catafractii*), mais aussi par quelques figurations, comme à la basilique Sainte-Marie Majeure à Rome : collerette d'écailles de bronze sur cotte de mailles, ou pectoraux montés sur mailles avec épaulières. Ce type de protection corporelle composite n'est pas une innovation du Bas-Empire. Une stèle d'Arlon en Belgique, datée du début du Principat, nous montre déjà des cavaliers revêtus de cottes de mailles doublées aux épaules d'un haut de *lorica segmentata*. De tout temps, un certain pragmatisme du soldat devait prévaloir dans le choix ou la confection de ses protections corporelles, qui devaient aussi dépendre du type de combat auquel il était habituellement confronté.

On peut imaginer que pour un simple défilé, le port d'un *thoracomachus* ne s'avère pas indispensable. La cotte de mailles est serrée à la taille par une ceinture de cuir agrémentée d'une large plaque-boucle de bronze et de raidisseurs. Ce type de ceinture devient très à la mode au IVe et surtout au Ve siècle.

En sautoir, notre auxiliaire porte un baudrier de cuir rouge, soigneusement brodé de fils colorés dessinant un dauphin, muni en son centre d'une phalère en laiton. D'une largeur de 8 cm et d'une longueur de près de 120 cm, ce *balteus* a été découvert presque intact dans une tourbière danoise, à Vimose. Typiquement romain, il témoigne peut-être de rapports commerciaux avec le Nord, à moins qu'il n'ait été ramassé sur un Romain après une défaite et immergé en guise d'ex-voto. La poignée de la *spatha* est cloutée comme le montrent plusieurs artefacts de Vimose et de Nydam, et sa lame est cannelée. Le pontet de suspension et la bouterolle circulaire, argentés et incrustés de nielle, sont reproduits respectivement d'après des découvertes de Zugmantel et de Niedebieber en Allemagne.

Sur la tête, le soldat porte un casque d'un nouveau genre, d'inspiration perse-sassanide. Il en existe plusieurs variantes, lourdes ou légères, fabriquées dans les nouvelles manufactures impériales. Leurs formes simples et très standardisées sont faciles à produire en série. Reconstitué d'après une trouvaille d'Intercisa en Hongrie, ce casque se caractérise par son timbre embouti de croix et d'yeux. Toutes les bordures sont perforées pour permettre la couture de garnitures intérieures matelassées en cuir.

Son bouclier lenticulaire affiche l'insigne des auxiliaires palatins des *Brachiati Iuniores*. Comme le montre la *Notitia Dignitatum*, l'*umbo* des *Brachiati* est conique et en bronze. Conformément à ce que laisse entendre le nom de l'unité (« porteurs de braies »), notre homme porte un pantalon. Celui-ci est à carreaux, comme c'est souvent l'usage en Gaule et Germanie.

À l'époque, il est très fréquent de n'enrouler autour des jambes que de simples bandes molletières, laissant les cuisses à découvert. Aux pieds, notre soldat porte des *calcei* traditionnels.

Autant en contexte païen que chrétien, l'image de la Victoire reste très présente dans l'imagerie militaire romaine du IVe puis du Ve siècle. Quelques bas-reliefs, notamment sur l'arc de Galère à Salonique ou sur l'arc de Dioclétien à Rome, montrent une Victoire en ronde bosse, certainement argentée ou dorée, montée sur une hampe, tenant les traditionnelles couronne et palme. Il s'agit d'une enseigne religieuse portée habituellement lors des parades. Dans cette catégorie peuvent être également rangés le portrait de l'empereur (*imago*) ou encore un étendard très particulier – et très peu connu –, formé d'une plaque triangulaire en bronze doré, estampée de scènes évoquant le culte de Sol Invictus et de Mithra.

Vexillarius des Cornuti
Lendemain de la bataille
du Pont Milvius, Rome
312 apr. J.-C.

« Par ce signe tu vaincras »

En juillet 306, à la mort de Constance Chlore, son fils Constantin est à son tour proclamé Auguste d'Occident par l'Armée de Bretagne, que tous deux commandaient conjointement. À cette nouvelle, la garnison de Rome se soulève et choisit Maxence pour Auguste. Fils de l'ancien tétrarque Maximien, ce dernier accepte la pourpre sans sourciller. S'ensuivent six ans de guerre civile où les retournements d'alliance succèdent aux coups bas de toutes sortes. Finalement, après avoir réussi à remettre de l'ordre en Afrique du Nord, sans coup férir ou presque, Maxence, fort d'une armée de 40 000 hommes, marche vers Constantin qui vient de franchir la frontière entre la Gaule et l'Italie. Les deux armées se rencontrent à l'été 312, non loin de Turin. Vainqueur, Constantin poursuit son adversaire, prend Milan, puis écrase une armée adverse à Vérone. La bataille finale, dite du Pont Milvius, a lieu le 28 octobre 312 près de Rome, non loin du lieudit de *Saxa Rubra*. C'est à la veille de la bataille que – d'après la tradition chrétienne – Constantin voit un signe envoyé par Dieu, accompagné de ces mots : « par ce signe tu vaincras ». Aussitôt, il ordonne à ses soldats de peindre le monogramme du Christ sur leur bouclier, et lui-même se fait confectionner un étendard, le *labarum*, frappé de ce symbole. Le lendemain, la bataille tourne rapidement à son avantage. Maxence en pleine déroute se noie en tentant de franchir le Tibre. Quelque temps plus tard, le christianisme devient la religion officielle de l'Empire romain.

Les *Cornuti*, unité auxiliaire d'élite de Constantin

Alors qu'il commande l'armée des Gaules et de Bretagne, Constantin crée plusieurs unités nouvelles d'auxiliaires dont le nom ne reflète aucune appartenance géographique ou ethnique. Comme les *Bracchiati* (« porteurs de braies ») avec lesquels ils manœuvreront en binôme, les *Cornuti* sont de ceux-là. Leur nom signifie « cornus » ou « porteurs de cornes ». La présence des *Cornuti* et leur participation active aux campagnes de Constantin contre Maxence ont longtemps été mises en avant par les historiens modernes, qui crurent les identifier sur l'arc de triomphe que cet empereur fit édifier à Rome, car leurs casques paraissaient arborer ce qui ressemblait à des cornes. Mais ce n'est qu'une hypothèse. Aucun élément concret ne vient prouver leur présence lors de la bataille du Pont Milvius, ni même que ces hommes portaient réellement des cornes sur leur couvre-chef. Seul l'épisème de leur unité, visible dans la *Notitia Dignitatum*, peut faire penser à deux cornes rouges sur fond blanc. Nous avons néanmoins choisi de représenter l'un de ses soldats, au lendemain de la bataille finale. Cette unité appartient en effet aux auxiliaires palatins, qui sont des troupes d'élite. Faire de l'un de ses soldats le porteur de l'étendard de Constantin, alors qu'il prend ses quartiers dans Rome, n'a rien d'improbable.

L'équipement

Un détachement des *Cornuti* garde l'une des portes monumentales qui ponctuent la puissante muraille de Rome, édifiée par l'empereur Aurélien trente ans plus tôt. La portion montrée ici se trouve proche aujourd'hui de la basilique St-Jean du Latran.

Ce soldat porte l'équipement classique du fantassin romain de ce début de IVe siècle. La mise en place des *fabricæ* par Dioclétien, sortes d'ateliers contrôlés par l'État, permet désormais d'équiper rapidement et à moindre coût l'armée romaine. Il en existe notamment quelques-unes en Gaule : Autun fabrique des boucliers, des cuirasses et des pièces d'artillerie, Mâcon des flèches, Reims des épées, et Argenton-sur-Creuse une production de nature inconnue. Il en résulte une certaine standardisation de l'armement, comme en témoigne la nouvelle forme du casque romain. Il s'agit désormais d'une simple calotte hémisphérique dont les deux parties sont rivetées sur une bande de renfort centrale, et sur laquelle sont cousus les couvre-joues et un couvre-nuque. Solide et aisé à réparer, ce casque devient la protection de tête standard du fantassin romain tout au long du IVe siècle, et sans doute également au début du siècle suivant, comme l'atteste l'exemplaire trouvé lors des fouilles du site de Iatrus (Bulgarie). Le casque de notre homme est reproduit d'après un artefact d'Intercisa (actuellement Dunaúsjvaros en Hongrie).

Ce soldat est équipé d'une cotte de mailles à manches courtes ne protégeant que le tronc. Bien que ne l'ayant pas revêtu, ce fantassin porte habituellement cette *lorica* par-dessus un *thoracomachus* : sorte de gilet en textile ou en cuir rembourré (voir pages 66-67). Cet accessoire, dont la fonction est d'absorber les chocs pouvant endommager la cuirasse et causer de graves lésions internes, est le plus souvent prolongé de lambrequins ou « ptéruges », protégeant le haut des cuisses et le haut des bras. Mais n'étant pas au combat, notre homme s'est contenté de passer sa cotte de mailles directement sur sa tunique de laine épaisse, utile pour lutter contre les premiers frimas de cette fin de mois d'octobre.

Son bras gauche repose sur un bouclier ovale et cintré, dont le motif peint sur une peau brute témoigne de son appartenance à la cohorte palatine des *Cornuti* dont il est habituellement un des *vexillarii*, c'est-à-dire un porteur de drapeau. Sa valeur au récent combat du Pont Milvius l'a fait remarquer par Constantin lui-même, qui lui a fait l'honneur de porter le *labarum*. Ce nouvel emblème impérial n'a pas ici la richesse de ceux qui seront confectionnés par la suite (tissu et métaux seront précieux, agrémentés de gem-

mes et pierres précieuses). Nous l'avons imaginé brodé rapidement peu avant la bataille, sur ordre de l'empereur, arborant juste un chrisme entouré de la couronne des lauriers de la victoire. Le chrisme est le monogramme du Christ, formé des deux lettres grecques superposées khi (X) et rhô (P). Fixé sur la hampe d'une lance, le fanion est de couleur pourpre, comme le veut la dignité impériale.

Suspendue à un simple baudrier, pend la *spatha* de notre *vexillarius*. La poignée, le pommeau et la garde sont en os et sont identiques à l'exemplaire trouvé à Cologne. Au combat, notre auxiliaire peut utiliser la lance ou un fagot de courtes javelines, généralement transportées dans un carquois. Il peut enfin lancer les flèches plombées : les *plumbatæ* (voir pages suivantes).

À sa taille, noué par-dessus sa cotte de mailles et maintenant le baudrier, il porte le *cingulum*, insigne de son appartenance à la *militia*, l'administration de l'Empire, dont l'armée n'est qu'une des composantes. Ce ceinturon est décoré d'une plaque-boucle ajourée et de raidisseurs hélicoïdaux, dont l'archéologie a révélé de nombreuses variantes.

Comme on le voit, le port des braies est désormais d'usage dans l'armée romaine, ainsi que l'utilisation de bandes molletières. Cette mode vestimentaire, qui remonte au siècle précédent, est attestée par une abondante iconographie et touche toutes les régions de l'Empire.

Enfin, notre soldat est chaussé de *campagi*, qui ont succédé depuis le IIIe siècle aux *caligæ*. Si notre modèle est encore relativement ouvert, d'autres sont semblables à des bottines fermées montant au-dessus des chevilles. Leurs semelles sont épaisses : trois couches de cuir collées, cousues, puis cloutées.

Une arme meurtrière : la *plumbata*

La *plumbata* est sans doute l'arme individuelle la plus spécifique en usage dans les armées de l'Empire romain tardif. Apparu sans doute dans la seconde moitié du IIIe siècle, ce dard plombé se développe durant le siècle suivant, ce dont témoigne un grand nombre d'artefacts exhumés dans toutes les parties de l'Empire. L'usage de la *plumbata* semble disparaître en Occident dès la fin du Ve siècle, alors que l'armée romaine d'Orient l'utilise encore au siècle suivant.

Cette arme, longue d'environ 50 cm, semblable à une grande fléchette empennée et munie d'une pointe barbulée lestée par une balle de plomb, est d'une efficacité redoutable entre les mains de soldats rompus à la technique du lancer. Les tests réalisés avec des répliques de *plumbatæ* ont en effet permis de mettre en évidence une technique de projection particulière, où le bras joue le rôle des lanières d'une fronde afin d'utiliser la force centrifuge et la masse du lest de plomb qui, liées à la vitesse de la rotation du bras, entraînent le dard à une distance pouvant avoisiner les 50 m en tir parabolique, ou et les 30 m en tir semi-tendu. Accrue par la masse de plomb, la puissance de l'impact est redoutable, et le fer barbulé doit causer de terribles blessures aux adversaires des Romains, bien souvent moins lourdement équipés et protégés.

En revanche, les autres essais réalisés en lançant la *plumbata* comme une javeline n'ont pas excédé une portée d'une quinzaine de mètres et ont démontré une faible puissance de perforation.

Selon Végèce, la dotation individuelle de cette arme devait être de cinq *plumbatæ* par soldat, portées à l'intérieur du bouclier. La chose, même si elle peut paraître exagérée, n'est cependant pas impossible tant la simplicité de fabrication de ce projectile favorise sa production de masse, même par une main-d'œuvre peu qualifiée.

Si l'on suit Végèce, la « puissance de feu » de l'infanterie romaine du Bas-Empire devait alors être impressionnante, et on imagine sans peine l'effet dévastateur produit par plusieurs milliers de ces dards tombant en pluie mortelle sur un adversaire en pleine charge, qu'il soit à pied ou monté.

Si la restitution des *plumbatæ* n'est pas d'une grande complexité, la question se pose du système employé par les fantassins romains pour les fixer à l'intérieur de leurs boucliers. En effet, nulle description ni trace archéologique ou picturale ne permet de s'en faire une idée précise. Les restitutions proposées par les différents groupes de reconstitution historique sont donc conjecturales et inspirées par la pratique.

Officier et sous-officier de légion *Herculiani Iuniores* Bataille de Mursa 351 apr. J.-C.

La douloureuse succession de Constantin Ier

En 337, après un règne de près de trente ans durant lequel le calme est revenu dans l'Empire, permettant la mise en œuvre de grandes réformes sur les plans civil et militaire, Constantin décède. La succession est une fois de plus très disputée. L'empereur avait pourtant pris soin de tout préparer, et s'était résolu à partager l'Empire entre ses fils, espérant que les liens du sang seraient assez forts pour prévenir toute tentation de prise de pouvoir. Mais les deux Augustes d'Occident (Constant pour les Gaules, l'Espagne et la Bretagne, et Constantin II pour l'Italie, l'Illyrie et la Dalmatie) se brouillent rapidement et la guerre reprend. En 340, Constantin II meurt devant Aquilée et Constant se retrouve alors seul Auguste pour l'Occident. En dix ans de règne, Constant doit régulièrement faire face à plusieurs incursions germaniques, et s'attache à poursuivre la politique de son père dans le cadre du développement des fortifications. Il reste pourtant mal aimé des Gallo-Romains qui sont accablés d'impôts et, pour ceux qui sont demeurés fidèles au paganisme, ardemment persécutés. En 349, alors qu'il est parti chasser dans la région d'Autun, Constant apprend que Magnence, un général d'origine germanique commandant sa garde personnelle, vient d'être proclamé Auguste avec le soutien des légions. Abandonné de tous, Constant tente de fuir, mais il est rattrapé puis assassiné l'année suivante.

La bataille de Mursa et la fin de Magnence

Cette prise de pouvoir provoque la colère de Constance II, Auguste de la partie orientale de l'Empire, qui marche alors sur Magnence, lui-même occupé alors à réprimer le soulèvement de son rival Népotien. Conscient qu'avec ses seules troupes il ne pourra venir à bout de l'armée de Constance II, Magnence fait appel à un grand nombre de mercenaires barbares, notamment des Francs. Il dirige ses troupes vers la Pannonie où il remporte quelques succès marginaux contre l'Auguste d'Orient. Alternant manœuvres diplomatiques, sièges et escarmouches, aucun des deux adversaires n'arrive à prendre cependant un avantage décisif. Finalement, Constance II force le destin en attaquant Magnence occupé à faire le siège de la ville de Mursa. Le 28 septembre 351, les deux armées, qui regroupent la majorité des forces romaines d'Occident et d'Orient, s'affrontent dans une bataille fratricide où, selon les sources antiques, 50 000 hommes périssent. Vaincu, Magnence fuit alors à Aquilée sans que Constance II, dont l'armée est également très affaiblie, puisse l'en empêcher. Les combats se poursuivent alors, en Italie d'abord, puis en Gaule, jusqu'à la mort de Magnence au mois d'août 353.

Équipement du sous-officier

Partis en éclaireurs, ces fantassins se sont équipés de manière à être légers mais en bénéficiant toutefois d'une protection minimale.

Le sous-officier porte un casque de type Intercisa en fer, dont la méthode de fabrication composite est commune à l'ensemble des casques de ce type, avec néanmoins une différence notoire : la calotte, habituellement bipartite, est cette fois réalisée d'une seule pièce. La crête métallique ornant le sommet de ce casque est attestée sur plusieurs modèles moins bien conservés (celui de Richborough notamment) et figure également sur certaines représentations iconographiques. La fonction de ces crêtes n'est pas clairement définie, mais Végèce prétend que les officiers, les centurions notamment, sont coiffés de casques surmontés d'une crête argentée. S'il est logique que les cadres militaires puissent porter sur leur équipement des signes distinctifs de leur grade, nous ignorons tout de ceux-ci. La plupart des stèles funéraires mises au jour par les archéologues ne représentent pas le défunt en équipement complet, mais une des plus célèbres de celles-ci, qui concerne le porte-enseigne Lepontius (conservée au musée de Strasbourg), montre bien que ce cadre militaire porte un casque à cimier, sous forme d'un panache de crins. Les symboles gravés sur la bombe (yeux et croissant de lune) ne sont pas clairement identifiés, mais pourraient avoir une connotation religieuse païenne. En effet, bien que le christianisme soit devenu la religion officielle de l'Empire, une partie de l'armée reste secrètement fidèle aux anciens cultes, comme celui de Mithra. Les couvre-joues sont ajourés au niveau des oreilles pour ne pas nuire à l'audition.

Bien qu'habituellement protégés par une cotte de mailles ou d'écailles, les deux *milites* ont choisi de ne pas s'en encombrer, le contact avec l'adversaire n'étant pas recherché durant cette patrouille de reconnaissance. Ils ont cependant conservé leur *thoracomachus*, constitué dans le cas présent de plusieurs épaisseurs de lin cousues entre deux épaisseurs de cuir fin. Originellement destiné à être porté sous la protection métallique, son rôle principal est d'amortir les chocs

et les éventuelles déformations du métal qui leur sont liées, réduisant ainsi les traumatismes corporels. Leur relative épaisseur présente également l'avantage de rendre moins contraignant le port des cottes de mailles ou d'écailles dont le poids repose essentiellement sur les épaules.

Sur les cuisses et le haut des bras de ces hommes, pendent des ptéruges, constituées de longues bandes de lin et de cuir cousues ensemble et rapportées en deux ou trois rangées sur la protection de buste. Ces éléments ne sont pas uniquement décoratifs, ils sont prioritairement chargés d'amoindrir la puissance des coups qui pourraient atteindre ces parties du corps souvent peu protégées par les cuirasses d'écailles et certaines cottes de mailles courtes. Ce type de protection, qui peut sembler archaïque au IVe siècle, est attesté par l'iconographie contemporaine. Cependant, aucun vestige archéologique n'a encore été découvert à ce jour. Pour se protéger du frottement du *thoracomachus* tout en limitant la transpiration, ces soldats ont noué autour de leur cou un foulard de lin.

Notre homme, qui observe au travers d'une haie le déplacement de l'adversaire, est vêtu d'une tunique de lin teintée en bleu, sans broderie. Il a protégé le bas de ses jambes par des chausses courtes faites dans le même tissu et fixées sous le genou par un cordon de cuir.

Son armement est conforme à celui en usage dans l'infanterie lourde romaine du IVe siècle. Il est équipé d'une *spatha*, dont le fourreau s'inspire des modèles traditionnels du IVe siècle, avec un pontet de bronze protégeant les courroies de fixation et une bouterolle en forme d'écusson assez courante au siècle précédent. Il est également armé d'une lance, à la douille décorée de gravures.

Équipement de l'officier

Notre officier arbore un casque plus lourd et bien plus décoré, réalisé sur le modèle de celui qui a été retrouvé en Hollande, à Deurne. Là encore, il s'agit d'un casque composite, inspiré des modèles développés par les Perses. La bombe est réalisée en quatre parties, rivetées sur une bande de renfort centrale formant une crête et deux bandes latérales. Cette crête est principalement destinée à faire dévier les coups d'épée ou de lance pouvant être assénés sur le sommet du crâne. La calotte ainsi assemblée est ensuite rivetée sur un bandeau métallique où vient également se fixer un long nasal qui protège jusqu'à la bouche du soldat. Le bas du visage est préservé par deux imposants couvre-joues articulés, dont les points de fixation sont couverts par deux plaques métalliques rivetées sur le bandeau. Un large couvre-nuque mobile complète le casque, fixé par deux lanières de cuir. Fait remarquable, ce casque est recouvert d'une feuille d'or, dont le décor est travaillé au repoussé, avec de petits rivets décoratifs également dorés. Le fait de recouvrir les casques d'une pellicule d'argent ou d'or est tout autant un signe de richesse qu'une façon de les garantir de la corrosion. L'étamage demeure cependant la solution la moins onéreuse pour protéger la plus grande partie des pièces métalliques de l'équipement.

Ce type de casque, bien que relativement pesant, offre une protection remarquable, tout en permettant à celui qui le porte de conserver un large champ de vision. Il n'est pas prouvé que l'un ou l'autre des modèles, dits lourds ou légers, puisse être réellement attribué à des fantassins ou à des cavaliers. Effectivement, si le casque de Deurne porte une inscription montrant l'appartenance de son propriétaire à la *Cohors Equites Stablesiani*, cela ne restreint pas nécessairement son usage exclusif à la cavalerie ; les unités d'infanterie lourde et les hommes placés aux premiers rangs lors des combats ont tout à fait l'usage d'un tel casque… tout comme la cavalerie légère peut avoir intérêt à se munir de modèles moins pesants.

La tunique de cet officier est moins sobre que celle de son subalterne. Elle est également bleue avec des décorations colorées. Elle est ici protégée des frottements du *thoracomachus* par une seconde tunique de lin blanc. Soucieux de son confort, Il a aussi enfilé une paire de chaussettes de laine avant de mettre ses *campagi* (chaussures de marche). Ce détail vestimentaire, qui peut paraître anachronique, est néanmoins attesté par l'archéologie. Des exemplaires ont en effet été découverts en Égypte, dont une paire, actuellement conservée dans un

état remarquable au Museo Egizio de Florence, est réalisée dans des laines teintées en bleu, rouge, orange et vert.

Sa *spatha* et son baudrier sont plus précieux que ceux de son sous-officier, grossiers quant à eux et non teintés. Les cuirs sont ici colorés en blanc et rouge, cousus recto verso, et le fourreau tapissé de tissu orange. Le pontet de suspension est en bois. La bouterole à trois boutons est caractéristique. Le fer de sa lance, connue sous le nom de *spiculum,* présente une forme particulière.

Les boucliers, ovales et lenticulaires, sont faits de plusieurs épaisseurs de fines lattes de bois contrecollées. La surface extérieure est recouverte d'une fine épaisseur de cuir brut non tanné, et peinte à l'épisème de l'unité, celle des *Herculiani Iuniores*, représentant une aigle dorée (*aquila*), enseigne principale d'une légion. L'intérieur, peut-être recouvert de lin, est décoré de motifs généralement floraux. Le *scutum* est renforcé par une bande de cuir épais cousue sur son pourtour. Au centre, à l'endroit du manipule et protégeant la main du soldat, est rivetée une bosse (*umbo*) ronde ou tronconique, pouvant également servir offensivement lors du choc. Comme en témoignent de nombreux épisèmes visibles dans la *Notitia Dignitatum*, beaucoup de ces *umbones* étaient peints également.

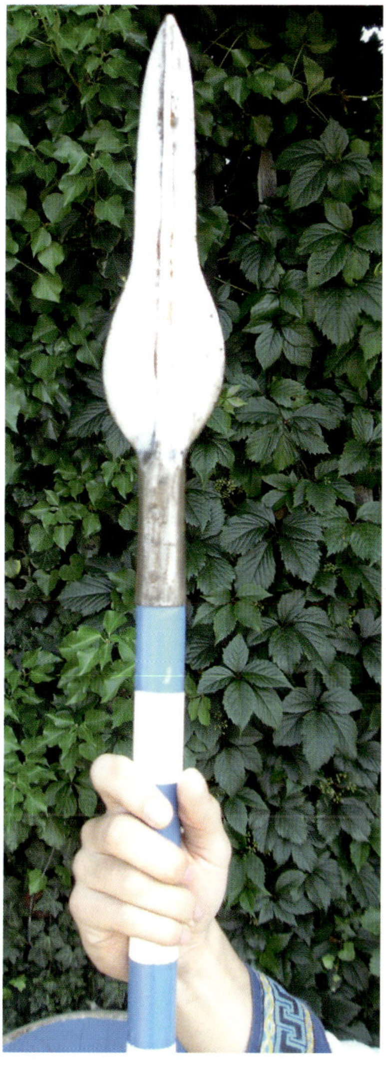

Portées à même le corps, directement par-dessus la tunique, les cuirasses de mailles ou d'écailles ne pourraient que partiellement garantir le corps des soldats des effets les plus immédiatement visibles des coups de taille ou d'estoc reçus sur le champ de bataille : la mutilation, les plaies béantes ou la pénétration dans le corps du fer des armes d'hast ou des flèches. En revanche, rien ne pourrait atténuer les effets secondaires consécutifs à la violence des coups portés au combat, tous ces dommages à première vue peu visibles, comme le bris de certains os et les lésions ou éclatements d'organes entraînant des hémorragies internes. Aussi est-il d'usage de porter entre la cuirasse et le vêtement une protection intermédiaire, généralement matelassée, le *thoracomachus*, dont la forme varie en fonction du type d'armure.

Les modèles représentés le plus fréquemment dans l'iconographie romaine consistent en des corselets recouvrant le buste du soldat et s'arrêtant aux hanches. Les cuisses mais également les épaules et la partie supérieure des bras, étant protégées par deux ou trois rangées d'épaisses lanières de lin ou de cuir (ou de lin recouvert de cuir), les ptéruges.

Si ces modèles sont totalement adaptés au port des cuirasses courtes, ils ne conviennent pas aux soldats équipés de longues cottes de mailles pour qui les ptéruges ne sont d'aucune utilité et pourraient en outre gêner la mobilité. Dans ce cas, un *thoracomachus* reprenant la forme générale de la chemise de mailles, proche du gambison médiéval, est bien plus efficace.

La conception de la partie matelassée du *thoracomachus* est sujette à des interprétations multiples ; le manque de sources archéologiques et de descriptions précises ne permettent pas de dégager un mode de construction standardisé. De fait, on peut supposer qu'à l'instar des modèles plus tardifs, ces vêtements protecteurs pouvaient être constitués de plusieurs épaisseurs de lin cousues ensemble, au moins une dizaine de couches, la dernière pouvant être faite de cuir. Il n'est pas impossible d'imaginer d'autres méthode de rembourrage comme du feutre, du crin, ou du drap de laine recouverts de lin et/ou de cuir. Un auteur du VIe siècle, l'*Anonymus Byzantinus* (16, 20-27 et 59-61), ne précise pas la nature du matériau de matelassage utilisé, mais il indique une épaisseur d'un *daktylos* (environ 2 cm).

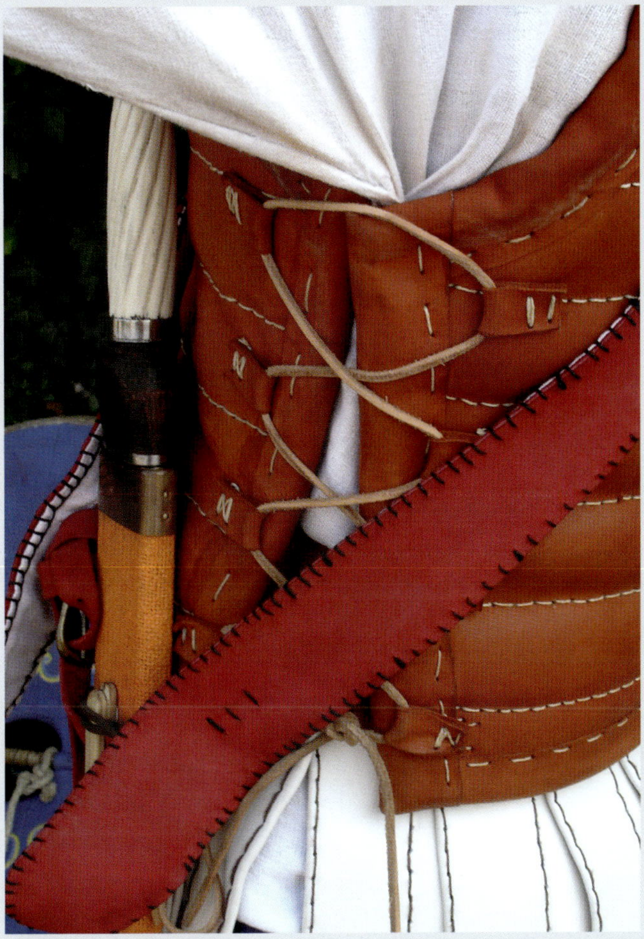

Légionnaire de première ligne *Legio Primani* Bataille de Strasbourg 357 apr. J.-C.

La Gaule abandonnée aux raids alémaniques

Les Alamans, qui se sont emparés des « champs décumates », territoire compris entre le Rhin et le Danube et abandonné par Rome dans le dernier quart du IIIe siècle, effectuent régulièrement des opérations de pillage en Gaule, profitant de l'affaiblissement des garnisons des places et des frontières. Les troubles qui suivent le décès de Constantin, et surtout l'usurpation de Magnence (349-353) durant laquelle l'ensemble des armées romaines d'Occident et d'Orient s'affronte, sont autant d'invitations pour les Alamans et les Francs d'envahir la Gaule. Régulièrement il est vrai, une fois le calme provisoirement revenu à la tête de l'Empire, le vainqueur du moment (Constant, puis Magnence et son frère, et enfin Constance II en la personne de son général Sylvanus) réussit à reprendre le contrôle de la situation. L'usurpation de Sylvanus en 355, même si elle est de courte durée, laisse une fois encore la Gaule sans chef militaire. C'est alors que Constance II, qui prépare une expédition contre la Perse, fait appel à son jeune cousin Julien dont il fait son César pour la Gaule. Le choix de Julien surprend, car il n'a jamais porté les armes, ce qui arrange quelque peu l'empereur qui ne voit en lui aucun rival potentiel.

La bataille de Strasbourg

Arrivé en Gaule en 356, accompagné d'une poignée de soldats et d'un état-major qui semble davantage enclin à le surveiller qu'à le conseiller, Julien surprend tout le monde en lançant immédiatement une série d'opérations militaires durant lesquelles, en s'exposant personnellement, il chasse et détruit plusieurs bandes d'Alamans. Assiégé dans Sens durant l'hiver, il tient bon, et dès le printemps reprend l'offensive en direction de l'est de la Gaule, toujours tenu par un fort parti d'Alamans commandé par un chef expérimenté : Chnodomaire. L'été de cette même année, malgré l'échec cuisant de l'armée envoyée par Constance II pour lui prêter main forte, Julien, qui dirige environ 12 000 hommes, décide d'affronter l'armée de Chnodomaire et des chefs alamans coalisés, forte de 30 000 guerriers. Les protagonistes s'affrontent non loin de Strasbourg. Le combat est longtemps indécis. Alors que les fantassins de l'aile gauche romaine enfoncent sans peine leurs adversaires qui se replient en désordre vers le Rhin, l'aile droite romaine est sur le point d'être anéantie, suite à la déroute de sa cavalerie lourde. Repoussés en définitive avec de très lourdes pertes, les Alamans repassent le fleuve et Chnodomaire est capturé. Cette victoire, suivie des opérations menées les années suivantes par Julien en territoire alaman, permet à la Gaule de souffler durant presque un quart de siècle.

L'équipement

Ce fantassin lourdement équipé, comme il convient à un soldat d'une unité palatine, prend un moment de repos avant de monter en ligne avec le reste de son unité. Son *armatura* représente la synthèse de ce que le légionnaire du IVe siècle peut avoir de mieux.

Il a coiffé un casque dont le timbre est réalisé à partir de dix pièces de métal, qui préfigure les modèles plus tardifs retrouvés dans les sépultures datées du haut Moyen Âge. Ce type de coiffure composite présente ainsi l'avantage de ne plus nécessiter l'intervention d'un artisan spécialisé capable de forger un casque à partir d'une seule plaque de fer. Désormais, plusieurs ouvriers peuvent marteler les éléments séparément et les envoyer à l'assemblage dans un autre atelier. Cette division du travail est rendue possible depuis que l'État a fait mettre en place des *fabricæ*, où sont produits et stockés les équipements défensifs et offensifs destinés à l'armée. L'organisation sur le terrain de ces *fabricæ* est mal connue, et il semble qu'il s'agisse davantage d'un regroupement d'artisans que d'une véritable manufacture.

L'artefact original est exposé au musée de Leiden (Pays-Bas). Il est muni de couvre-joues mobiles fixés au timbre par une charnière. Au sommet se trouve un anneau de fer auquel notre homme a accroché un panache décoratif en crin de cheval. Un couvre-nuque en mailles pouvait être rapporté sur ce modèle de casque.

La cotte de mailles est d'un modèle bien plus long que ceux habituellement portés au Haut-Empire. Réalisée d'après les modèles visibles sur l'arc de Constantin et sur les peintures trouvées à Doura-Europos (Syrie), elle couvre presque entièrement les bras et descend aux genoux ou à mi-cuisses, apportant ainsi une protection maximale au soldat. Une maille sur deux est rivetée, l'autre étant soudée, ce qui rend l'ensemble extrêmement solide. Presque imperméable aux coups de taille, ce type de protection reste cependant vulnérable aux coups de pointe (épées, lances et flèches). Cette relative faiblesse est partiellement compensée par le port d'un *thoracomachus*. Ce modèle, qui suit la forme générale de la chemise de mailles, ne comporte pas de lambrequin et évoque davantage le gambison médiéval que les modèles habituels de l'Antiquité. Afin de se protéger des frottements de la maille, mais également des coups, notre homme porte une écharpe de lin autour de son cou.

Le bouclier lenticulaire, dont la forme ovale assez large est typique de l'Antiquité tardive, est ici présenté afin de montrer la finesse de la décoration de sa face interne. Les motifs en forme de cœur sont reproduits d'après un artefact retrouvé à Doura-Europos. L'épisème de l'unité des *Primani* – légion qui s'illustra lors de la bataille de Strasbourg – orne l'autre face du bouclier. Ammien Marcellin évoque la discipline et la combativité de cette « première légion » qui permit de repousser la percée des Alamans.

Ce large bouclier protège parfaitement le soldat, mais couvre peu les jambes. C'est pourquoi notre fantassin a complété sa panoplie d'une paire de jambières courtes, portées par-dessus des bandes molletières qui les empêchent de glisser. Elles sont ici reproduites de modèles de la fin du IIIe siècle découverts en Allemagne, à Kunzing. Ces protections supplémentaires sont simples à fabriquer et, même si l'iconographie du IVe siècle n'en fait pas ouvertement état, leur emploi est totalement justifié pour les combattants des premières lignes. Pour les mêmes raisons, le soldat s'est confectionné un brassard de cuir, car le bras qui tient l'arme est plus exposé que celui qui est caché derrière le bouclier.

Les armes représentées ici sont celles habituellement en usage au sein de l'infanterie de ligne (en opposition avec l'infanterie légère employée au harcèlement de l'ennemi, qui utilise quant à elle une panoplie moins lourde, tant pour les protections que pour les armes).

Sa longue lance, qui a depuis longtemps remplacé le *pilum*, possède une hampe décorée, comme en témoigne l'iconographie du Bas-Empire.

La *spatha* est réalisée d'après un exemplaire retrouvé à Cologne. Le pommeau et la garde évoquent encore les modèles « classiques » en usage dans l'armée romaine du siècle précédent. Son fourreau est d'un modèle courant au IVᵉ siècle. Sa bouterolle, décorée de trois bossettes de bronze, reproduit l'artefact découvert dans une tombe de la nécropole de Liebenau (Allemagne), mais est également semblable à celle des *spathæ* représentées sur la sculpture représentant les tétrarques à Venise. La courroie qui maintient le fourreau passe par un unique pontet de bronze. Le baudrier, de couleur vive, s'inspire de ceux représentés sur la mosaïque de la Piazza Armerina (Sicile). La portion la plus large est réalisée dans deux pièces de lin épais, et protège la courroie de cuir plus fine qui porte le fourreau.

Le *cingulum*, abondamment décoré d'une plaque-boucle et de raidisseurs hélicoïdaux, éléments typiques de la seconde moitié du IVᵉ siècle et du début du siècle suivant, est un élément incontournable de la panoplie militaire. Comme toute ceinture, il a de réelles applications pratiques. Il permet notamment d'améliorer la répartition du poids de l'armure de mailles et de stabiliser le balancement du fourreau en emprisonnant une partie du baudrier. Mais, en tant que signe d'appartenance à l'armée romaine, il a également une portée symbolique forte.

Protector Ammien Marcellin *Domestici Equites* Campagne de Perse 359 apr. J.-C.

Les guerres romano-perses et le siège d'Amida

Le conflit entre Rome et la Perse démarre l'année de la mort de Constantin Ier, en 337, et connaît une succession de violences et d'accalmies sous le règne de son successeur, Constance II. Le contrôle de l'Arménie, État tampon entre les deux empires, autrefois arraché à la Perse par Dioclétien, en est la cause essentielle et le champ de bataille principal. Entre 337 et 360, attaques perses et contre-attaques romaines ravagent le pays dont les villes sont assiégées, prises et reprises plusieurs fois de suite. L'investissement de la ville d'Amida par le roi Sapor II en 359, raconté par Ammien Marcellin, qui participa à sa défense alors qu'il était un jeune *protector* placé sous les ordres du *Magister Peditum* (Maître de l'Infanterie) Ursicin, en est un des épisodes les plus dramatiques. Alors qu'il se trouve dans cette ville, pour un temps séparé de son commandant, il est surpris par l'arrivée de l'armée perse et se joint aux défenseurs avec les hommes de son escorte. La garnison de la ville, forte de sept légions et d'un nombre inconnu de troupes auxiliaires, résiste avec ardeur et repousse par deux fois les assauts des Perses, leur infligeant des pertes impressionnantes. Finalement, épuisés et affamés, les défenseurs d'Amida sont submergés par les Perses qui massacrent les survivants. Ammien Marcellin parvient à s'enfuir et à rejoindre Ursicin. L'Arménie est perdue pour longtemps.

Les *protectores domestici*, élite de l'armée romaine

Les *protectores domestici* forment un corps d'élite particulier qui, bien que ne participant pas directement aux opérations militaires, joue un rôle important dans la politique de défense de l'Empire. Placés sous le commandement du *comes domesticorum*, un des fonctionnaires les plus influents de la cour impériale, ces hommes ont pour mission principale de protéger l'empereur et les plus hautes personnalités de l'État dans leurs déplacements. Il arrive cependant qu'ils accomplissent aussi des missions moins « officielles », comme du renseignement, voire l'élimination physique d'un usurpateur… Ainsi, en 355, l'historien Ammien Marcellin, qui est à l'époque un jeune *protector*, accompagne le Maître de l'Infanterie dans sa mission secrète d'assassiner Sylvanus, *Magister Militium per Gallias* (Maître de la Milice des Gaules), qui vient d'usurper la pourpre impériale. Cette unité d'hommes de confiance du gouvernement, recrutés parmi les fils de dignitaires de l'Empire ou les officiers subalternes méritants, forme également une école de cadres militaires appelés à commander des légions ou des corps auxiliaires après plusieurs années passées à fréquenter les plus importants des officiers généraux. Faire partie des *protectores* assure généralement une belle carrière militaire. Certains de ces hommes accèdent même au rang d'empereur comme Maximin, Constance Chlore et Jovien.

L'équipement

Cet altier garde du corps s'apprête à passer ses hommes en revue avant de monter sur les remparts d'Amida prendre son poste. Il a revêtu une panoplie qui, si elle est pleinement fonctionnelle, dénote néanmoins une certaine ostentation liée à son rang prestigieux.

Sa tunique de lin blanc est ornée de *clavi* et d'*orbiculi* hauts en couleurs. Les motifs employés sont issus de la mythologie gréco-romaine, comme le veut la mode au IVe siècle, mais les matériaux utilisés sont bien plus luxueux que ceux rencontrés habituellement. En effet, alors que la plupart des décorations de tuniques sont monochromes (généralement en pourpre foncé, bleu foncé ou rouge, parfois rehaussé de blanc), celles qui ornent le vêtement de notre homme sont polychromes et comportent même du fil d'or. Il s'agit là d'une tenue luxueuse, réservée à une élite, comme on en trouve au palais impérial.

Les braies de lin jaune sont plus sobres, notre officier étant là en tenue de service et non à la parade. Elles sont enserrées dans des bandes molletières en lin rouge vif, que de petites fibules (dont l'usage est là purement conjectural) permettent de fixer.

Ses armes sont également des compromis entre luxe et fonctionnalité. Réalisé sur le modèle de celui trouvé à Berkasovo en Hongrie, son casque est en fer recouvert d'une feuille d'or sur laquelle sont enchâssés des cabochons de pâte de verre, verts et rouges, alors que l'artefact de Berkasovo était garni de gemmes et autres pierres semi-précieuses. La forme générale du casque rappelle celle des modèles dits de Concesti, Deurne ou Burgh Castle, avec ses couvre-joues imposants et un nasal, mais elle s'en distingue par un cimier original, constitué de hauts rivets soutenant une plaque métallique. Il est possible que ce casque ne soit pas issu des ateliers d'État, mais plutôt de celui d'un artisan forgeron, à moins que les *fabricæ* ne soient alors aussi en mesure de fournir de petites quantités de pièces de luxe en plus de leur production de série. Les monnaies et médailles impériales du IVe siècle montrent aussi de tels casques surmontés de panaches qui pourraient être en plumes de paon.

Notre homme a revêtu une cuirasse d'écailles courte. Très populaire depuis le Haut-Empire au sein de l'armée romaine, elle reste très présente au Bas-Empire. Elle se termine en arrondi sous le ventre, comme pour imiter les cuirasses dites « musclées ». Ce type de protection, qui allie souplesse et solidité, est particulièrement efficace, tant contre les coups d'estoc que de taille. La dimension des écailles est variable, tant en largeur qu'en longueur ; certaines, plutôt longues, préfigurent les futures cuirasses lamellaires. À la différence des protections de mailles qui se revêtent telle une tunique, ou des cuirasses métalliques musclées dont il faut assembler le torse et la dossière sur le buste du soldat, la cuirasse d'écailles s'enfile par le côté gauche et est ensuite lacée.

Afin d'améliorer la résistance aux chocs et de protéger également les cuisses et le haut des bras, notre *protector* porte sous sa cuirasse un *thoracomachus* muni de deux rangées de longs lambrequins ou « ptéruges » de cuir teinté en blanc, terminés par une décoration en fils d'or tressés.

Son bouclier rond et lenticulaire est orné de l'épisème du *comes* des *domestici equites* (comte des domestiques de la cavalerie), qui a la responsabilité du corps particulier des *protectores*, même si ces derniers sont attachés à la personne d'un dignitaire de l'Empire (Ursicin, dans le cas d'Ammien Marcellin).

Sa *spatha*, dont le modèle est proche d'un artefact retrouvé à Cologne (Allemagne), est protégée par un fourreau de bois recouvert de cuir fin rouge foncé. La chape et plus encore la bouterolle s'ins-

pirent des modèles de ceux qui ornent les fourreaux visibles sur les statues des tétrarques, et sont attestés par les trouvailles archéologiques de Liebenau et de Grundemmingen (Allemagne). Le baudrier, également en cuir rouge foncé, est décoré de broderies en fil de lin teinté de couleurs vives. Les motifs sont proches de ceux retrouvés sur des fragments de baudriers datés de la fin du IIIe siècle, découverts dans les tourbières suédoises de Vimose et de Thorsberg, qui semblent avoir été des dépôts votifs.

Son *cingulum*, d'un fin cuir teinté en vert, est d'un modèle assez fréquent au IVe siècle, comme en témoignent les exemplaires retrouvés dans les sépultures datées de cette période. L'ornement des ceintures semble variable, notamment en ce qui concerne la richesse de décoration des plaques-boucles et des contre-plaques, mais également le nombre et la taille des raidisseurs. Le cuir est généralement orné de points de couture qui ont à la fois un usage pratique – assemblage des trois couches (deux de cuir et une de lin) constituant la ceinture –, mais également décoratif. Ici le motif choisi est sobre, de simples lignes parallèles en fil de lin blanc.

Cavalier cataphractaire *Equites Honoriani Taifali Iuniores* Bataille d'Andrinople 378 apr. J.-C.

Les Wisigoths se réfugient au sein de l'Empire

En 376, les Goths, chassés par les Huns qui apparaissent pour la première fois dans l'histoire romaine, demandent à l'empereur Valens l'autorisation de se réfugier au sein de l'Empire. Ce dernier accepte d'autant plus volontiers qu'il est à ce moment en pleine préparation d'une opération militaire d'envergure contre la Perse.

Plusieurs milliers de réfugiés traversent alors le Danube, persuadés qu'ils trouveront au sein de l'Empire la sécurité et les moyens de recommencer leur vie. Hélas, malgré les ordres donnés par Valens, la rapacité des hauts fonctionnaires romains chargés de l'accueil et de l'approvisionnement des réfugiés contraint les Goths à quitter les terres inhospitalières où Rome les a confinés pour chercher refuge plus au sud, aux alentours de Marcianople (actuellement Devnja en Bulgarie). La tentative d'assassinat sur les chefs goths Fritigern et Alavivus, à l'issue d'un banquet organisé par le comte de Thrace Lupicin, sonne le signal de la révolte. Fritigern, qui a survécu, dévaste avec ses guerriers les riches villas environnantes et défait l'armée de Lupicin à Marcianople. Ainsi, ceux qui auraient pu être les alliés de Rome contre la Perse sont devenus ses ennemis, ravageant la Thrace.

Le désastre d'Andrinople

En 376 et 377, plusieurs opérations sont lancées contre les Goths, mais aucune ne parvient à les arrêter. L'année suivante, Valens lui-même prend la tête des opérations et, après avoir rassemblé l'ensemble de ses forces, marche contre les réfugiés goths de Fritigern, renforcés par les soldats fédérés de la garnison d'Andrinople, chassés par les habitants de la ville après qu'ils leur eurent demandé des vivres.

Sans attendre les renforts envoyés par l'empereur d'Occident Gratien, Valens entre en campagne, persuadé d'en finir rapidement. Des rapports erronés transmis par des éclaireurs lui font croire que les Goths sont moins nombreux qu'ils ne le sont en réalité. En effet, ces hommes ignorent que la cavalerie gothique est partie marauder.

Arrivés à proximité d'Andrinople, les Romains font face aux fantassins Goths rangés en ordre de bataille devant leur camp de chariots. Alors que d'ultimes et vaines négociations exaspèrent les soldats romains impatients d'en découdre, le combat est déclenché sans ordre par les cavaliers de l'unité des scutaires-archers (*schola scutariorum sagittariorum*). L'infanterie romaine se lance à l'assaut des lignes gothiques, mais ne parvient pas à les enfoncer et bientôt le combat s'enlise. Alors que les Romains s'épuisent, accablés par la chaleur, apparaissent les cavaliers goths, renforcés d'Alains et de Huns, qui fondent sur leurs arrières. La cavalerie lourde, et notamment les cataphractaires, fuient sans livrer combat. Abandonnée, l'infanterie romaine est massacrée et l'empereur lui-même trouve la mort. L'armée d'Orient est anéantie.

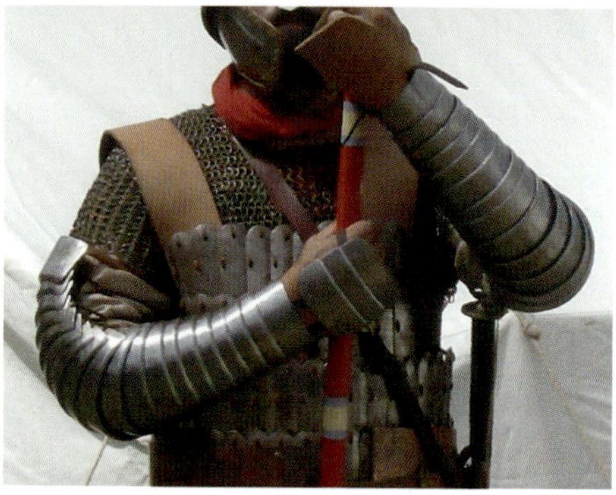

L'équipement

Les unités de cavaliers lourds appelés *cataphractii* ou *clibanarii* forment l'élite de la cavalerie romaine du Bas-Empire. Ces unités trouvent leur origine à la fois chez les Perses, qui ont eu de tout temps ce type de cavaliers cuirassés, et plus récemment chez les Parthes, puis les Sarmates, que les Romains ont eu à combattre. Les Sarmates, une fois vaincus, ont fourni les premières unités auxiliaires de cavalerie lourde de l'armée romaine à la fin du IIe siècle de notre ère, mais c'est à partir du IIIe siècle et surtout au siècle suivant que ces troupes de choc et de prestige se développent.

Bien qu'impressionnants, ces cavaliers blindés ne sont pas toujours à la hauteur de leur réputation. Ainsi, lors de la bataille de Strasbourg en 357, puis à Andrinople, les cataphractaires perdirent courage au premier choc et fuirent le combat.

Impressionnant sur sa monture caparaçonnée, ce cataphractaire donne une image saisissante de ce que devait être la cavalerie lourde romaine au Bas-Empire. Son équipement défensif, très semblable à celui représenté sur un graffito découvert dans les ruines de la citadelle de Doura-Europos (Syrie), ne laisse presque aucune partie du corps apparente et allie l'ensemble des éléments de protection en usage à l'époque. En effet, outre le casque inspiré des modèles tardifs couramment attribués à des cavaliers, avec son nasal, ses larges couvre-joues et son imposant couvre-nuque, ce cataphractaire a revêtu une cotte de mailles à manches longues, renforcées sur les bras par une paire de *manicæ* qui le protège jusqu'au bout des doigts. Ce type de protection, en usage dans l'infanterie romaine depuis le IIe siècle de notre ère, si ce n'est plus tôt, et qui équipe également les gladiateurs, allie à merveille

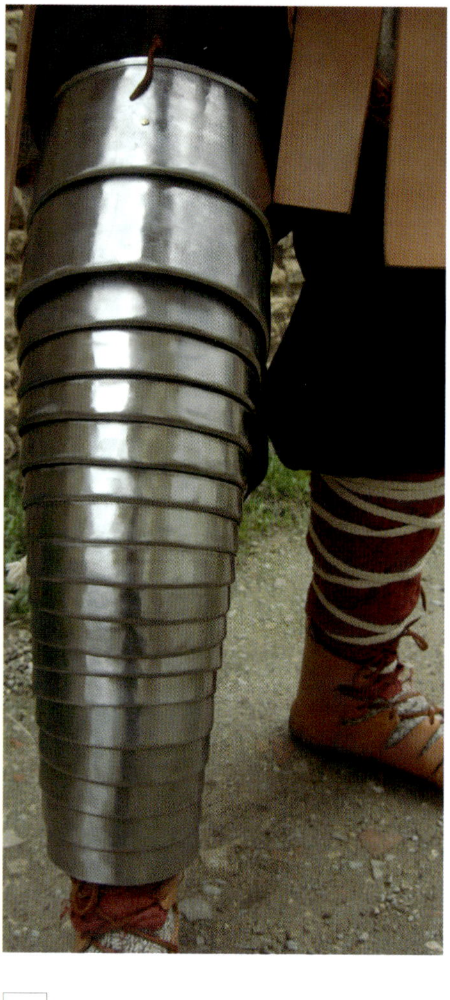

l'efficacité d'une armure de plates à une grande souplesse. Les jambes sont protégées par un système équivalent, dont un exemplaire retrouvé à Newstead (Ecosse) est exposé au National Museum of Scotland.

En sus de la cotte de mailles, le torse du cavalier est protégé par une courte cuirasse d'écailles, proche des futures cuirasses lamellaires dont l'usage se répand surtout à partir du VIe siècle. Il s'agit néanmoins d'écailles longues déjà en usage à cette période, mais dont le montage est conforme à celui des armures lamellaires. Effectivement, alors que traditionnellement les rangées d'écailles sont cousues en quinconce sur un support de cuir ou de lin épais, extrémité arrondie pointée vers le bas, ici, chaque rangée est cousue de manière à former des bandes parallèles, un peu comme dans le cas d'une *lorica segmentata*. Ce type de cuirasse, relativement légère et de fabrication aisée, offre une excelente protection contre les coups portés par les fantassins

L'arme de prédilection de ces cavaliers lourds, héritiers des Perses et des Alano-Sarmates intégrés dans l'armée romaine aux siècles précédents, est la lance longue dénommée *contus* en latin ou *kontos* en grec. Cette arme d'hast, qui peut dépasser les trois mètres de longueur, se manie le plus souvent à deux mains, un peu comme la sarisse macédonienne. Cette méthode de combat ne permet pas l'usage d'un bouclier de grande taille et justifie le plus souvent son absence, compensée par un surcroît d'armure. Néanmoins, certaines unités peuvent utiliser de petits boucliers ronds, suspendus sur l'épaule du cavalier par une guige afin de ne pas solliciter la main gauche, nécessaire à la tenue des rênes et, au combat, de la lance. L'absence d'étrier est compensée par les quatre cornes de la selle, qui maintiennent solidement le cavalier sur sa monture et lui permettent de faire véritablement corps avec le cheval, à un point tel qu'un cavalier expérimenté peut le guider par simple rota-

tion du tronc ou par pression des genoux. Ce type de selle est employé au moins jusqu'au IVe siècle, avant l'adoption dans le courant du siècle suivant des selles utilisées par les Huns et leurs alliés, qui annoncent les modèles médiévaux.

Afin de parfaire l'impression d'invulnérabilité du cavalier et le porter au cœur des combats, la monture du cataphractaire est également protégée par un caparaçon d'écailles qui couvre l'intégralité de son corps, ne laissant que le ventre et le bas des membres exposés aux coups de l'ennemi. Si notre cavalier n'a équipé son cheval que d'un chanfrein d'écailles de bronze, d'autres photos ci-jointes montrent la manière dont les montures pouvaient elles aussi être cuirassées. Le modèle original reproduit ici a été découvert lors des fouilles de Doura-Europos (aujourd'hui au musée de Damas) qui ont révélé deux caparaçons presque similaires dans un état de conservation admirable, ainsi que les fragments d'un troisième. Les écailles, dont les dimensions des modèles originaux varient entre 35 mm x 25 mm et 60 mm x 45 mm, sont cousues sur une toile de lin. La tête de l'animal est elle-même protégée par un chanfrein d'écailles, inspiré de ceux représentés sur la colonne Trajane et sur le graffito de Doura-Europos. Les yeux ne sont pas oubliés puisque des œillères de métal ajouré viennent les garantir contre la plupart des agressions.

Pour l'entraînement, le cavalier n'a pas posé le caparaçon, mais seulement le chanfrein.

Centenier auxiliaire palatin *Celtae Seniores* Opération de police en Gaule du Nord Vers 400 apr. J.-C.

La protection de la Gaule du Nord

Depuis la fin du IIIe siècle, la mise en place progressive d'une défense dite « en profondeur », où l'armée de manœuvre – le *comitatus* – joue un rôle important, ne signifie pas pour autant l'abandon des frontières. Les effectifs et le prestige des unités qui y sont stationnées (*limitanei*) sont peut-être moins importants, mais il n'en reste pas moins que leur mission est primordiale. Le cas du nord de la Gaule est significatif. Suivant le tracé de la voie romaine qui relie Bavay (dans l'actuel département du Nord) à Tongres (Belgique), avant de s'étendre jusqu'à Cologne (Allemagne), une ligne de défense et de communication protège la frontière de la Belgique Seconde, constituée de fortins et de villes fortifiées édifiés à seulement quelques kilomètres les uns des autres. Élevées d'abord en bois, mais quelque peu délaissées sous la Tétrarchie, ces fortifications sont améliorées à partir du règne de Constantin Ier, qui favorise leur reconstruction en pierre. Ce réseau défensif représente un obstacle suffisamment dissuasif pour limiter les incursions franques dans cette province. Si les *limitanei* stationnent en permanence dans ces postes-frontières, il est probable que certaines unités du *comitatus* soient temporairement ou plus régulièrement installées dans les forts de plus grande importance, comme à Liberchies (Belgique), à Maastricht (Pays-Bas) et plus certainement encore à Cologne.

Maintien de l'ordre, le quotidien du soldat romain…

Être militaire, c'est d'abord préparer puis faire la guerre… Mais pas seulement ! Depuis toujours, l'armée romaine a joué un rôle prépondérant dans le développement et l'entretien de l'infrastructure routière et des bâtiments publics, mais aussi dans la mise en place et la protection de l'administration impériale. La *pax romana* est une paix armée. Le Bas-Empire ne fait pas exception. L'administration est toujours aussi structurée et elle a régulièrement recours à l'armée pour assurer une partie de ses missions. Outre la protection des voies de communication principales, l'armée assure les opérations de police, la gestion et la garde des entrepôts de vivres (de blé principalement) et des arsenaux, une partie du service postal, et participe activement au recrutement des soldats et à la perception de l'impôt. La vie quotidienne de ces hommes est donc plutôt active et ne se limite pas à l'entraînement et à la surveillance des frontières. Qu'elle soit logée dans les villes fortifiées ou dans les forts, l'armée est intimement liée à la population… ce qui ne veut pas dire qu'elle soit toujours appréciée. Cet officier des *Celtae Seniores*, qui vient de procéder à la levée de l'impôt autour de Bavay (Bagacum) et participer à la neutralisation d'une bande de brigands, peut en témoigner…

L'équipement

Notre homme, un officier subalterne commandant un petit détachement des *Celtae Seniores*, est équipé légèrement en vue d'une mission de simple police. Coiffé de son seul bonnet pannonien, il ne porte pas de bouclier, à la différence des hommes censés l'accompagner (voir pages suivantes, « Séance d'habillage »). Il est vêtu d'une tunique en laine écrue ornée de *tabulæ* et de *clavi* rouges à motifs géométriques. Ce modèle de tunique, qui n'est pas spécifiquement militaire, est commun à l'ensemble de l'Empire romain, comme en témoignent nombre de sources iconographiques (mosaïques, fresques) et même archéologiques, puisqu'un nombre important de tuniques dites « coptes », parfois remarquablement conservées, a été retrouvé en Égypte. Bien que ces dernières soient en lin, il n'est pas défendu de penser que les Romains des zones plus septentrionales, au climat moins clément, aient porté des tuniques de laine.

Par-dessus ses braies de lin, et conformément à l'usage vestimentaire du temps, notre officier a enserré ses mollets dans des bandes de laine qui ont été revêtues de manière à renforcer la partie couvrant les tibias. Ces accessoires, fréquemment visibles dans les documents iconographiques d'époque, présentent le double intérêt de protéger le bas des jambes lors de la progression en terrain difficile et de rendre moins pénible la station debout prolongée. Les bandes molletières bien serrées agissent en effet comme des bas de contention.

L'homme est chaussé de simples mules basses de cuir rouge, dont le laçage particulier permet une excellente tenue aux pieds. Ce modèle, courant au Ve siècle, a été reproduit à partir d'un exemplaire retrouvé en Égypte dans un état exceptionnel.

Notre *centenarius* a jeté sur ses épaules un *paludamentum* de lin blanc. Ce manteau typiquement militaire, dont un exemplaire a été découvert intact en Égypte à Antinoë à la fin du XIXe siècle et se trouve actuellement dans les réserves du musée du textile de Lyon, forme, lorsqu'il est déplié, un grand cercle de plus de 2 mètres de diamètre, décoré de quatre rectangles de couleur brune appelés *tablion*. Avant d'être endossé, le *paludamentum* est plié en deux de manière à ne laisser apparaître que deux de ces motifs, ornant chacun l'avant et l'arrière du manteau. Bien que l'exemplaire représenté ici soit en lin, il est probable que des modèles en laine aient aussi existé.

Une fibule cruciforme en bronze recouverte d'une feuille d'or maintient le manteau sur l'épaule droite de l'officier.

Comme tous les membres de l'administration impériale, dont l'armée est une composante majeure, ce militaire a serré autour de sa taille un *cingulum* orné d'une plaque-boucle de bronze doré, de raidisseurs hélicoïdaux et d'un pendant en forme d'amphore du même métal. Ce modèle, dont les ornements ont été reconstitués à partir d'éléments retrouvés dans une sépulture découverte à Champdolent (Essonne), est réalisé à partir de deux fines bandes de cuir teinté en rouge, cousues ensemble et enveloppant une épaisseur de lin pour lui donner plus de résistance. La couture, réalisée en fil de lin vert, est elle-même un élément décoratif, comme cela est fréquemment le cas à cette époque.

Suspendue au *cingulum*, sur la hanche droite, l'officier porte une sacoche de cuir dans laquelle est rangé du petit matériel, dont des tablettes de cire et un stylet qui lui permettront de prendre les notes nécessaires au rapport qu'il ne manquera pas d'établir au retour de sa mission.

À sa gauche, maintenue sur l'épaule par un fin baudrier réalisé de la même façon que le ceinturon militaire, pend la seule arme de notre homme : une *spatha* dont la garde et le pommeau, constitués de lamelles de corne prises en sandwich entre des plaques de bronze,

trahissent une forte influence germanique. Le fourreau est fait de bois, et a été soigneusement décoré avant d'être recouvert d'une fine couche de cuir teinté en bleu sombre. Le baudrier passe dans les deux pontets fixés sur l'avant du fourreau. Ce système à deux pontets, ici constitués de simples bandes de bronze, apparaît dans la deuxième moitié du IVe siècle (tombe de Liebenau) et reste en usage au-delà du Ve siècle.

Le bas du fourreau est orné d'une bouterolle de bronze en forme de «U», sobrement décorée d'incisions formant un motif géométrique. Il s'agit là d'un modèle courant qui apparaît au début du Ve siècle et se généralise par la suite.

Insigne de son rang d'officier, ce militaire s'appuie sur un *fustis*, bâton de commandement qui a succédé au cep de vigne du centurion du Haut-Empire, et dont la présence est attestée sur plusieurs mosaïques et fresques dès la fin du IIIe siècle. La fonction pratique du *fustis*, outre qu'il fait un excellent bâton de marche, reste obscure.

Séance d'habillage

Octobre 402. Dans son casernement situé à la frontière Nord de la Gaule, un fantassin de l'*auxilia* des *Celtae Seniores* s'équipe avant de partir en patrouille. Pour mieux lutter contre les premiers frimas de l'hiver, il a commencé par revêtir une tunique de laine brune épaisse par-dessus une tunique de lin faisant office de sous-vêtement.

Afin de protéger le bas de ses jambes, il entoure ses mollets à l'aide d'une longue bande de laine, semblable aux bandes molletières portées par les soldats français de la Première Guerre mondiale. Outre que cet accessoire, ô combien fastidieux à mettre en place, apporte une protection légère mais efficace dans le cadre d'une progression en terrain difficile, notamment dans les broussailles, il facilite la station debout prolongée propre à la vie militaire en réduisant l'afflux du sang dans les mollets et les pieds.

Bien serrer ! Voilà tout le secret de la mise en place des bandes molletières. Une bonne tension du tissu garantit la tenue de la bande sur le mollet. Ces bandes tiennent bien mieux lorsqu'elles sont enroulées sur des braies, car la rugosité du tissu les empêche de glisser. Force est de constater pourtant que l'iconographie antique nous montre fréquemment des soldats portant de telles bandes molletières sur leurs jambes nues. D'expérience, nous avons vérifié que dans ce cas les mouvements et les secousses de la marche ont tôt fait de les détendre et de provoquer leur effondrement sur les chevilles. Sans doute connaissaient-ils à l'époque un mode d'enroulage particulier. Les images anciennes nous montrent en effet un croisement régulier sur le devant du tibia, et non pas un enroulement en spirale, il est vrai plus commode à faire. Pour être ainsi mise, le milieu de la bande doit être positionné à l'arrière de la cheville, et chaque moitié doit alors être déroulée symétriquement tout en remontant le long du mollet en se croisant sur l'avant, jusque sous le genou où les deux extrémités sont enfin lacées solidement. De cette manière, chaque segment de la bande molletière est plus efficacement maintenu par un autre segment qui vient partiellement le recouvrir, et l'ensemble s'en trouve plus fortement solidarisé.

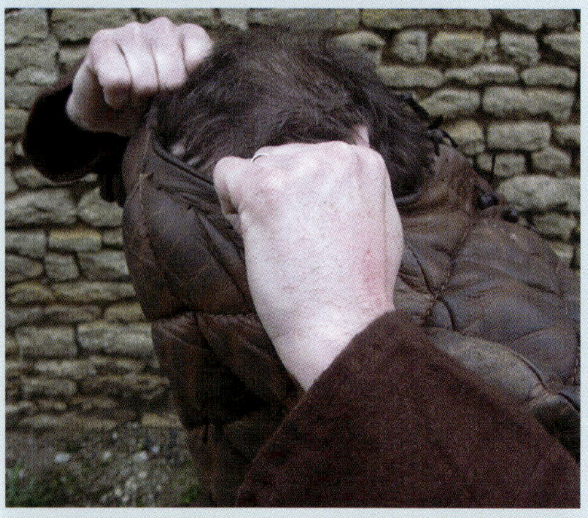

Une fois mis ces contraignants accessoires, il est temps de revêtir l'équipement militaire proprement dit. Comme cela a déjà été mentionné, les soldats de l'armée romaine portaient un vêtement de protection sous leur cuirasse de mailles ou d'écailles : le *thoracomachus*. Ici, il s'agit d'un modèle particulièrement adapté au port d'une cotte de mailles à manches assez longues. Faite de cuir fin et abondamment rembourrée de laine, cette pièce est plus proche du gambison médiéval que des modèles habituellement représentés, plus courts et dotés de lambrequins. L'épaisseur et la relative rigidité de cette protection intermédiaire nécessitent souvent que son propriétaire se fasse aider pour la revêtir, ne serait-ce que pour la fermer dans le dos.

Vient alors le tour de la cotte de mailles. Là encore, l'aide d'un compagnon d'armes ou d'un serviteur est la bienvenue (elle avoisine les 10 kg). En effet, la cotte de mailles a tendance à s'enrouler sur elle-même à hauteur de la poitrine, ce qui bloque tout mouvement, et pis encore, à se prendre dans les extrémités des manches du gambison, ce qui achève de la transformer en camisole de force. Les cheveux longs sont aussi un obstacle désagréable dans cette opération, certains restant coincés entre les anneaux...

Un foulard épais vient à propos garantir le cou des frottements de la maille.

Cette fois, notre homme ressemble enfin à un légionnaire sur le pied de guerre. Il passe alors le baudrier qui soutient le fourreau de sa *spatha* sur son épaule droite. Celui-ci est fort simple, sans décoration. Nul doute qu'au fil du temps notre homme le décorera de jolies broderies ou d'appliques métalliques. Il ceint ensuite son *cingulum* qui, une fois bien serré, permet une meilleure répartition du poids de la cuirasse sur le corps, le partageant ainsi entre les épaules et la taille. En enserrant également le bas du baudrier, le *cingulum* évite le balancement excessif du fourreau qui, sinon, entraverait la marche du légionnaire. En outre, il permet de dégainer l'épée sans que le fourreau suive le mouvement. Comme on le voit sur la photographie, certaines boucles de *cingulum*, comme celle retrouvée à Champdolent (Essonne), représentée ici, comportent un double ardillon.

Ceci fait, il ne reste plus à notre auxiliaire palatin qu'à coiffer son casque – dont la forme évoque, en plus sobre, celle du casque découvert à Deurne (Pays-Bas) –, qu'il ajuste fermement en serrant les cordons de la jugulaire passant sous les couvre-joues. On le voit, la tête du soldat et son visage, tout particulièrement, sont très bien protégés. Le couvre-nuque mobile, maintenu au timbre du casque par des sangles de cuir, offre une protection maximale de cette zone sensible (que l'on garantissait par le passé des coups de taille par des crinières flottantes en crins de cheval, très robustes), en plus d'un plus grand confort pour le porteur, qui peut ainsi lever la tête sans gêne.

Muni de sa lance, protégé par son large *scutum* ovale et lenticulaire, frappé de l'épisème des *Celtae Seniores*, il est prêt à partir en patrouille avec ses camarades.

Fédérés alamans Basse-Normandie, Gaule Seconde moitié du Ve siècle apr. J.-C.

Les barbares envahissent l'Empire…

Le Ve siècle de notre ère marque l'appauvrissement irréversible de l'Empire romain d'Occident. À la mort de l'empereur Théodose en 395, son fils Honorius, encore enfant, reçoit en théorie le gouvernement de l'Occident. Dans les faits, Stilicon, généralissime de l'armée romaine et bras droit de l'empereur défunt, assure la régence. C'est alors qu'une suite de troubles politico-militaires, intérieurs et extérieurs, précipite cette partie de l'Empire dans une crise dont il ne peut se relever. Tout commence avec la révolte des fédérés goths, installés au sein de l'Empire à la suite de leur victoire à Andrinople en 378. Leur roi Alaric, qui est officiellement reconnu comme un général romain, envahit et met à sac l'Italie. Stilicon doit mobiliser toutes les forces disponibles pour lutter contre les Goths qu'il refoule une première fois en 403, puis de nouveau en 405. L'armée romaine est épuisée par ces luttes et ne peut s'opposer en 406 à une importante invasion de Suèves, Vandales, Alains et Burgondes qui franchissent le Rhin gelé et s'enfoncent sans trouver de résistance en Gaule. Plus tard, certains, comme les Vandales, poursuivent leur route et se dirigent vers l'Espagne avant d'embarquer en Afrique du Nord où ils fondent le royaume de Carthage en 439 apr. J.-C.

… et en deviennent les défenseurs sous le nom de *fœderati*

Après l'exécution de Stilicon en 408, accusé de pactiser avec les barbares, les Goths se révoltent de nouveau et, en 410, Rome est saccagée. La Bretagne est abandonnée à son sort, car ses garnisons sont rapatriées sur le continent pour lutter contre les envahisseurs d'outre-Rhin. Ruiné par ces guerres civiles et ces invasions à répétition, le pouvoir central, qui ne peut plus entretenir une armée permanente en Gaule, fait appel à un nombre croissant de « barbares » qui acceptent de servir l'Empire en contrepartie de terres et de titres. Si certains, comme les Wisigoths en Aquitaine, ou plus tard les Francs au nord de la Gaule, se voient confier l'administration et la défense de larges territoires, d'autres, comme les Alamans ou les Alains, sont répartis dans de petites garnisons fortifiées et se mêlent peu à peu à la population locale, notamment dans la région du Nord-Ouest intégrée dans le *Litus Saxonicum*, c'est-à-dire dans une ligne de défense protégeant les côtes de la mer du Nord et de la Manche contre les raids saxons. Comme tous les soldats de l'armée romaine, ces fédérés sont également chargés du maintien de l'ordre dans la région dont ils ont la charge.

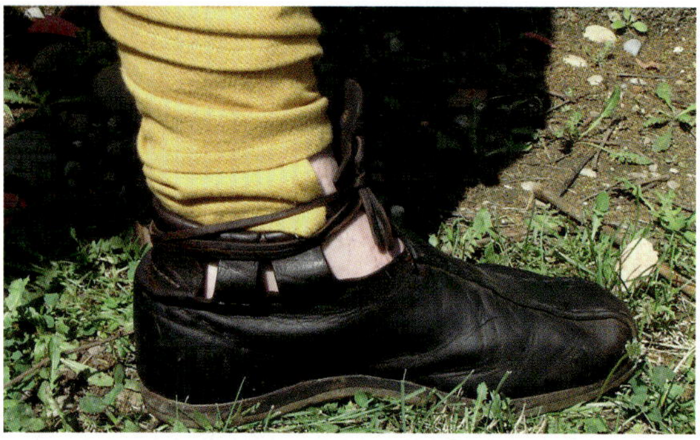

L'équipement du chef

Ces trois fédérés alamans, qui soufflent un moment dans les ruines de l'*atrium* d'été de ce qui fut autrefois une riche demeure bourgeoise de la vallée de l'Orne, dans l'actuelle Basse-Normandie, sont récemment entrés au service de l'Empire romain d'Occident avec leur famille. Ils portent encore les costumes et les armes caractéristiques de leur culture.

Leur chef, assis et reconnaissable notamment à ses cheveux longs, arbore une tunique de lin bleu vif décorée d'une bande de lin écrue ornée d'une broderie géométrique évoquant une svastika (croix gammée), symbole courant dans l'Antiquité. Un autre signe de son rang est la plaque-boucle de sa ceinture, composée d'une boucle et de son ardillon en or, fixés à une plaque d'or arrondie et ornée de grenats montés en cloisonné. Cette reproduction est inspirée des artefacts fréquemment retrouvés dans les sépultures germaniques « princières » de la deuxième moitié du Ve siècle. Venue d'Asie et introduite en Europe orientale, puis en Europe centrale par les Huns, enfin par leurs alliés, la mode des accessoires vestimentaires et des parures (fibules, plaques-boucles, décorations de fourreaux, etc.), décorés de grenats montés « à bâte » ou en cloisonné, s'est répandue jusque dans le nord de la Gaule, comme en témoignent par exemple les sépultures de Childéric à Tournai en Belgique et celle d'un guerrier inconnu découverte à Pouan dans l'Aube.

Notre chef porte de simples braies de lin, serrées sous le genou par des bandes molletières de laine jaune. N'étant pas équipé pour la guerre, notre homme ne porte pas

d'autre arme qu'une *spatha* dont la garde, peu développée, la poignée et le pommeau sont faits de bois, ce qui explique leur disparition presque systématique dans les tombes révélées par l'archéologie. Le modèle présenté ci-contre a pu être réalisé en s'inspirant de plaques métalliques retrouvées dans quelques sépultures, destinées à encadrer la garde et le pommeau de bois. La lame de son épée est réalisée en damas, technique très en faveur chez les Germains. Le fourreau est accroché à la ceinture à l'aide d'un système de fixation encore peu usité en Occident en cette fin de Ve siècle. En effet, alors que traditionnellement le fourreau de l'épée se porte verticalement, le plus souvent en utilisant un baudrier, celui de ce chef alaman est porté presque à l'horizontale, à la façon des cavaliers huns et de leurs alliés. Ce détail peut vouloir signifier que cet homme a pu, comme les Thuringiens, servir autrefois aux cotés des « envahisseurs » orientaux ou avoir simplement acquis cette arme auprès de marchands venus de l'Est.

L'équipement de l'antrustion

À la gauche du chef se tient un homme de sa *truste*, sa garde personnelle composée de guerriers d'élite qu'il a lui-même choisis et dont il assure la subsistance et l'équipement en contrepartie d'un dévouement total. Cet homme a revêtu sa tenue la plus luxueuse pour faire honneur à son chef. Le goût pour les vêtements de couleurs vives est courant chez les Germains et, là encore, symbolise un rang assez élevé au sein de la société, ce dont témoigne la bourse fixée à sa ceinture portant une décoration animalière typique en or. Notez également les boucles façonnées en os.

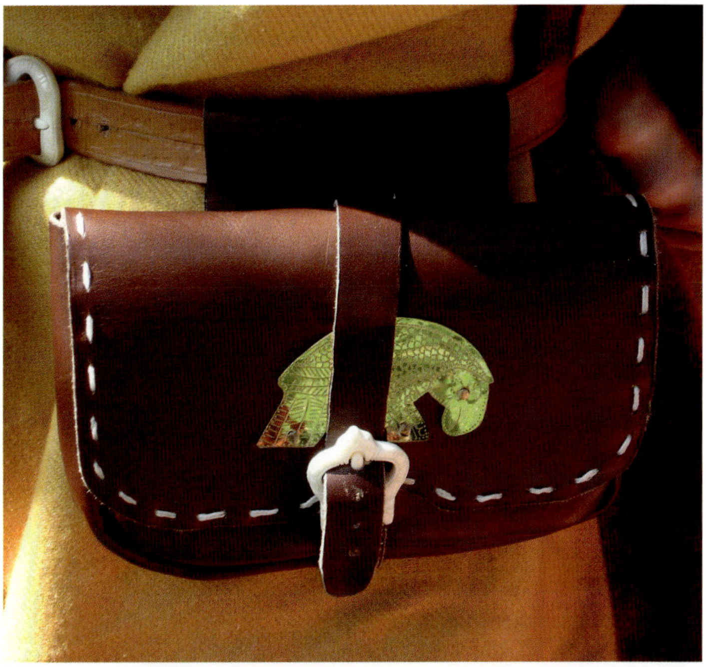

Outre ses braies, d'une teinte approchant la pourpre, ce guerrier est vêtu d'une tunique de lin jaune par-dessus laquelle il a passé une tunique de laine de même couleur. Il s'est drapé dans un manteau d'une laine presque grise, doublé de lin jaune et orné d'un galon aux motifs géométriques réalisé en « tissage à tablettes ». Sa coiffe est constituée d'une simple calotte de laine, qui pourrait être également de feutre ; elle aussi décorée d'un galon.

Comme beaucoup de guerriers germaniques, l'armement de cet *antrustion* ne comporte aucune *spatha*. Son arme principale est la lance, dont le fer est réalisé à l'identique de nombreux modèles retrouvés dans les sépultures germaniques. À son côté droit, pendant à la ceinture, il porte un scramasaxe : long couteau qui sert aussi bien à la guerre que dans la vie de tous les jours. Son bouclier rond et plat (bien que la forme de certains *umbones* et manipules retrouvés en fouilles démontre que des modèles lenticulaires étaient également en usage) est fait de planches de bois collées ensembles et recouvertes de cuir fin (peau brute) et de lin, puis peints de couleurs vives. Les couleurs et les motifs des boucliers représentés ici sont conjecturaux, car aucun exemplaire d'époque ne nous est parvenu, non plus que de représentations figurées précises.

L'équipement du guerrier

À l'arrière-plan se tient un troisième guerrier. Vêtu d'une tunique en lin décorée de broderies géométriques, il est armé d'une *spatha* d'un modèle semblable à celle portée par son chef, mais qui est suspendue d'une manière plus conventionnelle pour l'époque à un baudrier muni d'une boucle de bronze, et surtout d'une arme typique des peuples germaniques : l'angon.

Ce javelot lourd, dont le fer représente la moitié de la longueur totale, est muni d'une pointe le plus souvent barbulée. Son poids allié à la longueur de son fer en fait une arme de jet redoutable, dotée d'une puissance de pénétration exceptionnelle, pouvant transpercer un bouclier et blesser celui qui le tient. Son emploi durera au moins jusqu'au VIIe siècle, comme en témoignent les découvertes archéologiques, notamment dans les tombes mérovingiennes.

Là encore, notre guerrier tient un bouclier rond et plat, muni en son centre d'un *umbo* tronconique. Ce type de bosse, bien que traditionnellement germanique, est également répandu dans les rangs de l'armée romaine du Ve siècle, composée il est vrai pour une large part de Germains venus de tous horizons.

Archer, armée d'Arménie Début de la guerre contre les Perses 502 apr. J.-C.

Situation de l'Empire d'Orient à la fin du Ve siècle

Alors que l'Empire romain d'Occident est depuis bientôt deux décennies devenu une mosaïque de royaumes « barbares », l'Empire romain d'Orient s'est à l'inverse consolidé économiquement et militairement. Mais bientôt les tensions avec l'empire perse se ravivent. En effet, les empereurs romains Léon et Zénon refusent successivement de payer leur tribut aux Perses, pourtant nécessaire à la défense du Caucase, tandis que leur homologue perse dédaigne quant à lui de restituer la ville de Nisibe. Des incidents diplomatiques et de brèves échauffourées sans conséquence se succèdent alors sporadiquement tout au long de la deuxième moitié du Ve siècle, mais la Perse, qui doit dans le même temps faire face aux incursions des Huns, ne peut entreprendre aucune action militaire d'envergure contre l'Empire romain d'Orient. Pendant ce temps, l'armée romaine opère une purge importante en se débarrassant des fédérés ostrogoths, leur plus gros contingent barbare. Devenus gênants pour l'empereur Zénon, qui craint leur puissance et surtout l'emprise qu'a sur lui leur roi Théodoric (qui a été le premier barbare à recevoir le titre de consul), ils sont envoyés reconquérir l'Italie en 488.

Afin de combler le vide laissé par le départ de ces milliers d'hommes et faire face à l'éventuelle menace perse, l'État doit s'attacher alors à recruter localement ses soldats.

L'armée sous l'empereur Anastase à la veille de la guerre avec la Perse

Arrivé au pouvoir en 491, à la mort de l'empereur Zénon, Anastase prend immédiatement des mesures administratives et fiscales qui aboutissent à un important enrichissement du trésor impérial, permettant au nouvel empereur de fortifier les frontières et d'augmenter la solde des recrues, désormais principalement versée en numéraire. La carrière militaire devient alors suffisamment attractive pour que les citoyens les plus modestes retrouvent de nouveau le chemin des bureaux de recrutement. Parce que les engagés doivent désormais s'équiper et se vêtir à leur frais, l'armement doit sans doute s'en trouver allégé dans un premier temps. La persistance de certaines *fabricæ*, et certainement un marché de l'occasion, permettent néanmoins aux nouveaux soldats d'acquérir rapidement le minimum requis. Ce recrutement local (à la taille de l'Empire romain d'Orient tout de même), même s'il reste modeste, permet à Anastase de réprimer les révoltes internes et de contenir, avec difficulté il est vrai, les incursions des Bulgares en Thrace et en Illyricum, provinces qui ne sont plus défendues depuis le départ des Ostrogoths. Cette armée nouvelle, moins barbarisée, mais subissant davantage l'influence de l'Orient, est à l'image de cet archer de la garnison de la ville fortifiée d'Amida dans la province d'Arménie, située non loin de la frontière perse.

L'équipement

Mis au repos avec son unité dans les jardins d'une villa proche de la frontière perse, notre archer n'est pas pour autant dispensé de l'entraînement quotidien auquel il est soumis depuis plusieurs années. Les archers, nombreux dans l'armée romaine et particulièrement en Orient, ont un rôle capital qui peut faire basculer le cours d'une bataille. Qu'ils soient montés ou à pied, ces hommes formés comme des tireurs d'élite ont un rôle important, à la fois dans le cadre du harcèlement des troupes ennemies, et dans celui de la défense des forteresses et des cités.

Son équipement offensif et défensif est des plus légers : pas de casque, de protections corporelles ou encore d'épée. Ce phénomène est moins dû à un appauvrissement de l'équipement des soldats romains de l'extrême fin du Ve siècle qu'à des considérations d'ordre tactique. En effet, les archers ont pour atout majeur leur mobilité sur le champ de bataille et n'ont presque jamais l'occasion de combattre au corps à corps. Aussi, mis à part son arc, ses flèches et son *cingulum*, rien ne distingue ce fantassin d'un civil vivant aux marges de l'Empire romain d'Orient.

Son arc est d'une facture classique, très populaire dans l'ensemble de l'Empire et plus particulièrement en Orient. À la différence des arcs de bois de l'Europe occidentale, les arcs employés par les peuples orientaux sont composites et font appel à des matières organiques, telles que les tendons d'animaux, la corne, l'os et de la colle de poisson. Ce dernier élément, qui présente la particularité de garder une grande souplesse et supporte la tension de l'arc, est malheureusement très sensible à l'humidité. Pour protéger la colle, l'arc est recouvert d'une peau d'anguille ou de serpent, voire d'écorce de bouleau qui l'imperméabilise.

Le modèle de flèche employé par notre homme est muni d'une pointe de bronze composée de trois ailettes qui favorisent la stabilité du projectile en vol. Ce modèle est traditionnellement employé par les peuples d'Europe centrale et les Huns, mais il est également répandu en Orient. La pointe est fixée au fût par une longue pointe, semblable à un clou, qui est enfoncée dans le bois. L'ensemble est alors consolidé avec une ligature, le plus souvent réalisée en tendons.

On note que cet archer arme son tir de manière classique, en tendant la corde de l'arc avec l'index et le majeur. Les peuples cavaliers, comme les Huns,

également très présents dans les rangs de l'armée romaine d'Orient, se servent plutôt du pouce, qu'ils protègent par un anneau fait de corne, de pierre ou de métal.

Les vêtements portés par ce soldat reflètent à la fois l'abandon de la fourniture d'une partie de l'équipement par l'État, mais également l'influence orientale croissante dans la mode vestimentaire romaine.

La tunique de l'archer et ses braies de lin sont clairement d'influence perse. Délaissant les tuniques habituellement en usage et richement décorées de *clavi*, d'*orbiculi* ou de *tabulæ* aux décors géométriques, floraux, mythologiques ou zoomorphes, notre archer a préféré se vêtir d'un vêtement simple, dont l'élément décoratif le plus notable consiste en de larges broderies qui ornent le col et se prolongent sur l'avant de la tunique, ainsi que deux autres décorant les poignets. Ce modèle de vêtement se répand très largement aux VIe et VIIe siècles, comme en témoignent les abondantes représentations contemporaines et un exemplaire remarquablement conservé, retrouvé à Antinoë (Égypte). Les braies sont elles aussi très différentes de celles portées habituellement par la troupe. Longues et larges, on les retrouve à la fin du Ve siècle et tout au long du siècle suivant sur les monuments « byzantins », couvrant indifféremment les jambes des soldats romains d'Orient comme celles de leurs adversaires perses, vandales ou goths.

Seul élément traditionnellement romain (et un peu archaïque) de son costume : le bonnet pannonien. Moins fréquemment porté à cette époque, il fait place à une coiffure proche du bonnet phrygien habituellement porté par les Perses et très répandu sur la frontière orientale de l'Empire.

Il porte enfin des chaussures basses de cuir, non cloutées, très en faveur dans l'ensemble de l'Empire et semblables à celles que portent les civils.

Les unités romaines d'après la *Notitia Dignitatum*

La *Notitia Dignitatum*, littéralement la « Notice des Dignités », est une compilation de plusieurs livres dont on ignore l'auteur et l'origine. Le document originel a disparu aujourd'hui, mais son contenu nous est connu par une dizaine de copies réalisées à des époques postérieures. La *Notitia*, qui répertorie toutes les dignités civiles et militaires de l'Empire, montre notamment un grand nombre de motifs décoratifs de bouclier des unités romaines, distinguées selon leur affectation géographique, à l'Est ou à l'Ouest de l'Empire. Les experts datent la première publication du chapitre occidental de l'extrême fin du IVe siècle, et celle du chapitre oriental du tout début du Ve siècle, avec quelques révisions jusqu'en 420-425 apr. J.-C.

Les illustrations ci-dessous sont copiées du manuscrit conservé à la Bodleian Library, en Angleterre. Les légions et les auxiliaires sont surtout représentés, mais les épisèmes d'autres unités, comme les *limitanei* (les troupes de frontière) ou les corps de cavalerie orientaux sont malheureusement absents. Il est possible qu'un copiste du Moyen Âge se soit fatigué de les dessiner. Bien qu'il existe quelques différences de restitution de certains boucliers, de formes ou de couleurs, voire d'identification (certains décalages se sont malencontreusement produits), la similitude générale des épisèmes dans les différents manuscrits prouve que nous ne les devons pas à l'imagination de l'un de ces copistes, mais qu'ils sont « fidèlement » reproduits à partir d'une source authentique. Mais les évolutions stylistiques et changements apportés au document originel brouillent davantage la lecture et notre compréhension. Les dessins se sont certainement simplifiés au fil du temps et des copies, ce qui est notamment très perceptible sur les figurations humaines qui dénotent une évidente connotation médiévale.

BOUCLIERS D'OCCIDENT

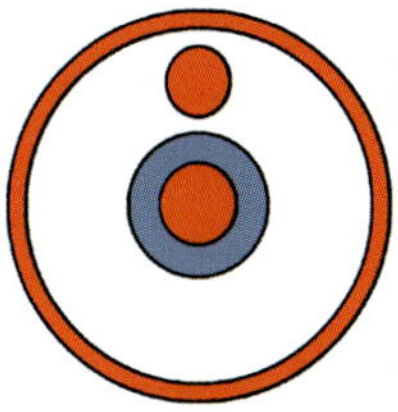
Abrincateni

Ampsivarii

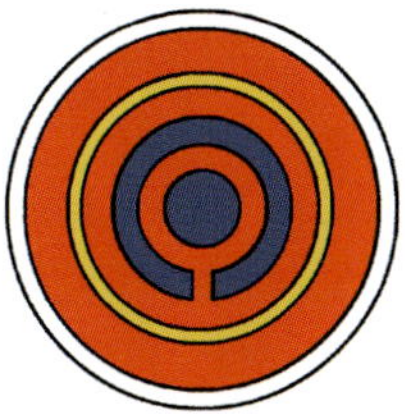
Antianenses

Armigeri Defensores Seniores

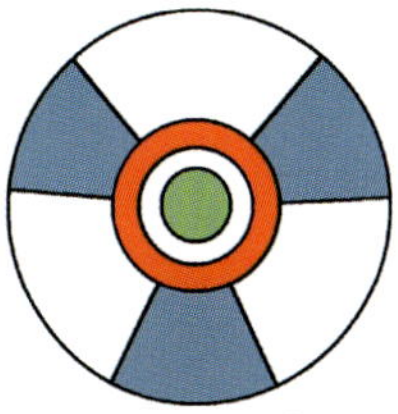
Armigeri Propugnatores Iuniores

Armigeri Propugnatores Seniores

Ascarii Iuniores

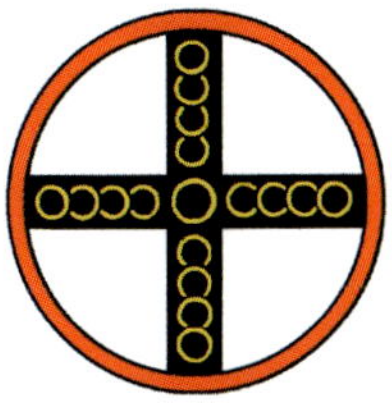
Ascraii Seniores

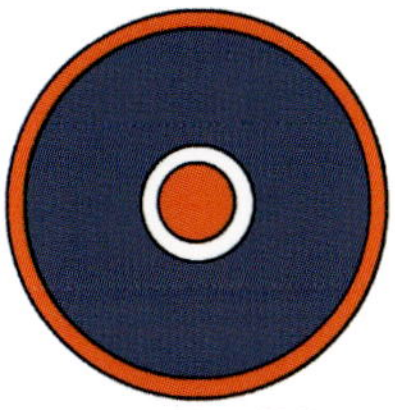
Atecotti Iuniores Gallicani

Augustei

Batavi Iuniores ?

Batavi Iuniores

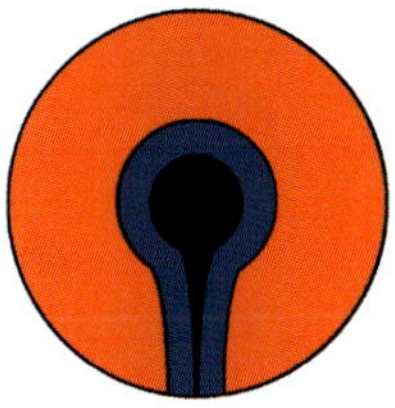
Batavi Seniores

Brachiati Seniores

Brisigavi Iuniores

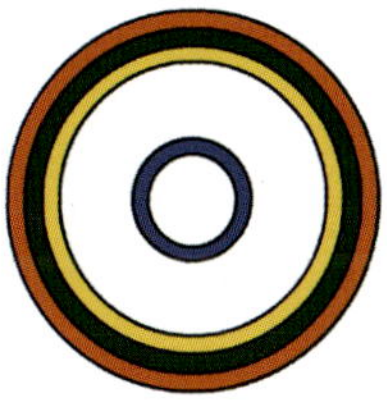
Brisigavi Seniores

Bructeri

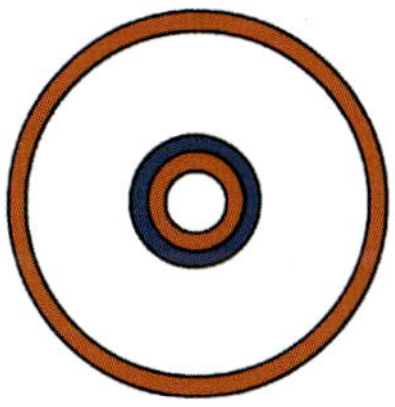
Celtae Iuniores

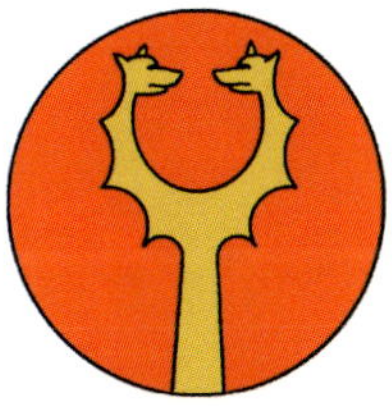
Celtae Seniores

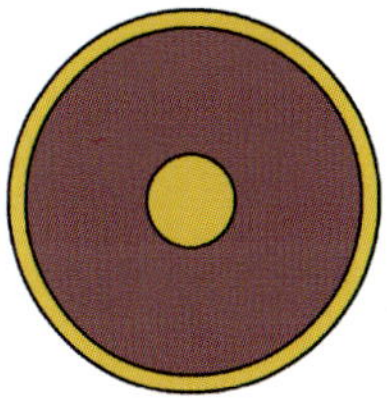
Cimbrianni

Comites Alani

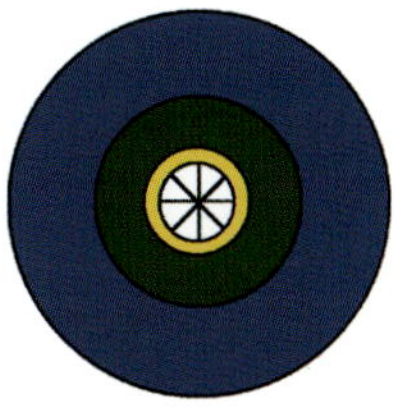
Comites Iuniores

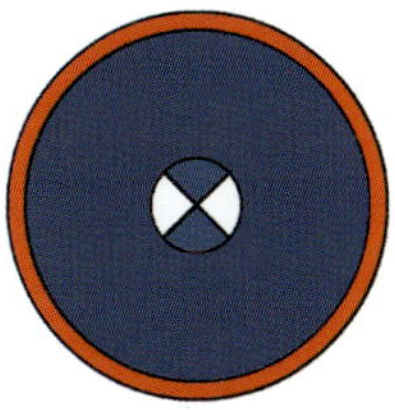
Comites Seniores

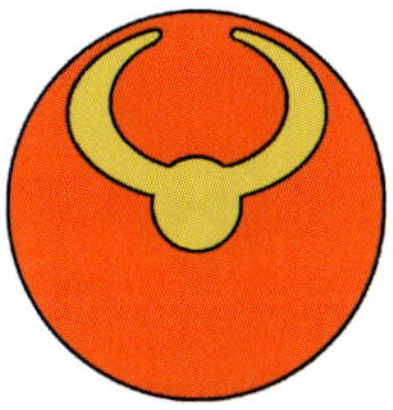
Constantiaci

Corniacenses

Cornuti Iuniores

Cornuti Seniores

Cortoriacenses

Defensores Seniores

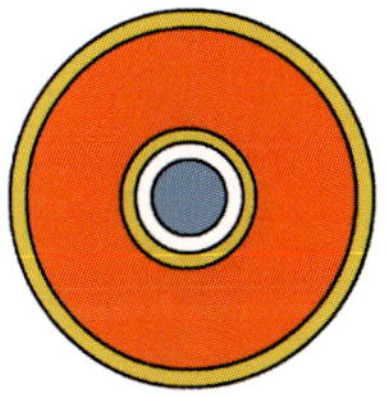
Divitenses Seniores

Domestici Equites

Domestici Pedites

Equites Armigeri Iuniores

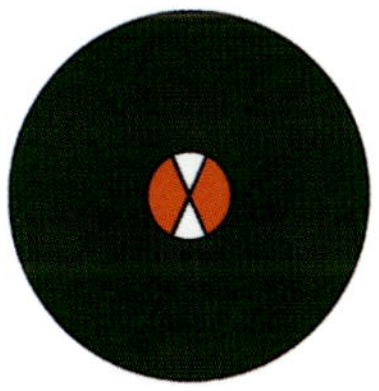
Equites Armigeri Seniores

Equites Armigeri

Boucliers d'Occident

Equites Batavi Iuniores

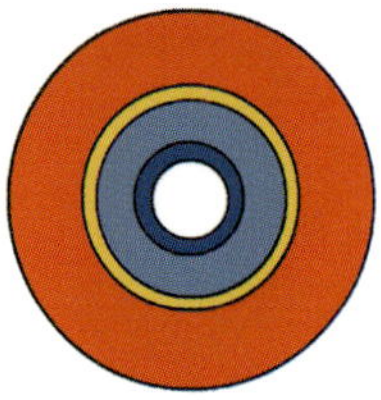
Equites Batavii Seniores

Equites Brachiati

Equites Cetrati Iuniores

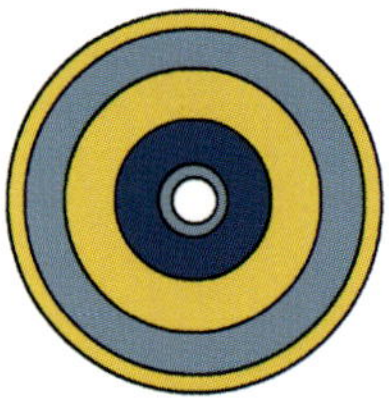
Equites Cetrati Seniores

Equites Constantiani Felices

Equites Cornuti Iuniores

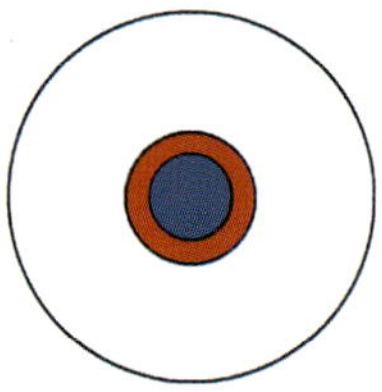
Equites Cornuti Seniores

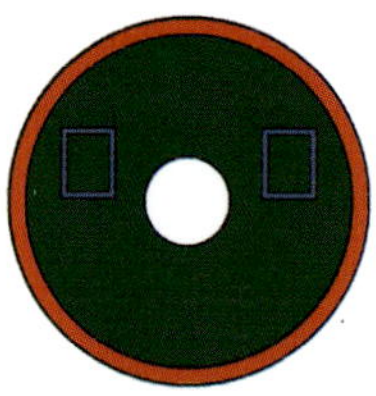
Equites Dalmatae Passerentiaci

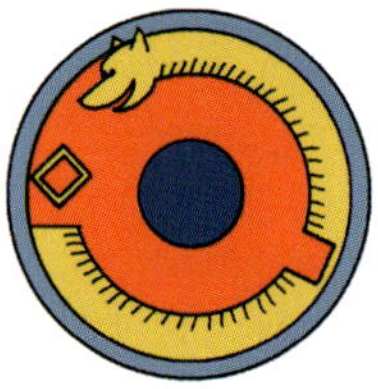
Equites Honoriani Iuniores

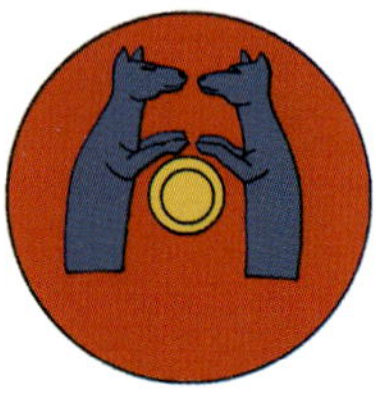
Equites Honoriani Seniores

Equites Honoriani Taifali Iuniores

Equites Marcomanni

Equites Mauri Alites

Equites Mauri Feroces

Equites Octavo Dalmatae

Equites Primi Gallicani

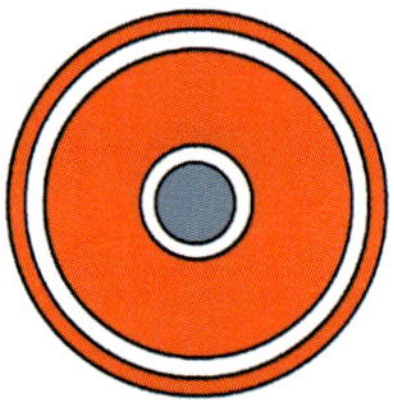
Equites Primo Sagittarii

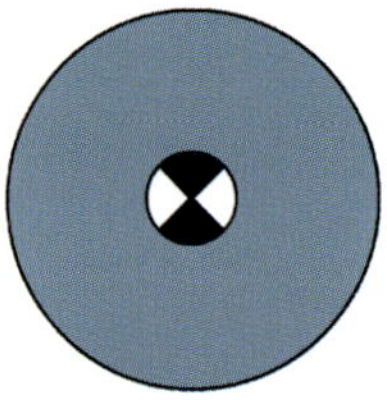
Equites promoti Iuniores

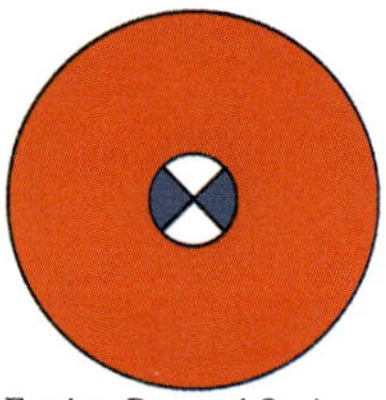
Equites Promoti Seniores

Equites Quarto Sagittarii

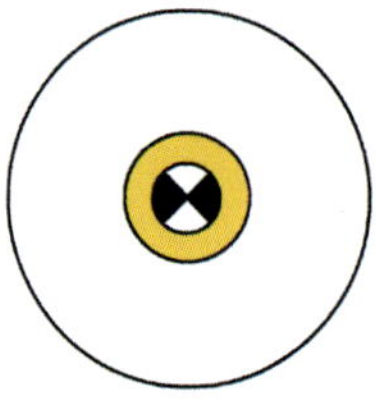
Equites Sagitarii Cordueni

Equites Sagittarii Clibanarii

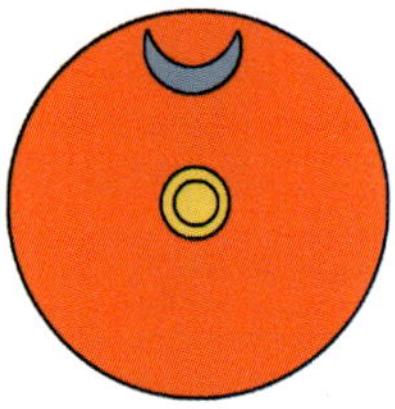
Equites Sagittarii Iuniores

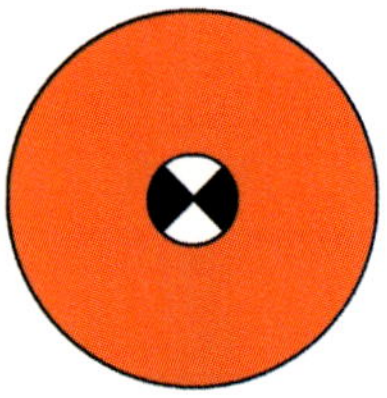
Equites Sagittarii Parthi Iuniores

Equites Sagittarii Parthi Seniores

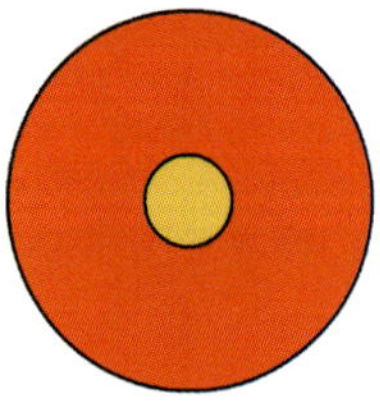
Equites Scutarii

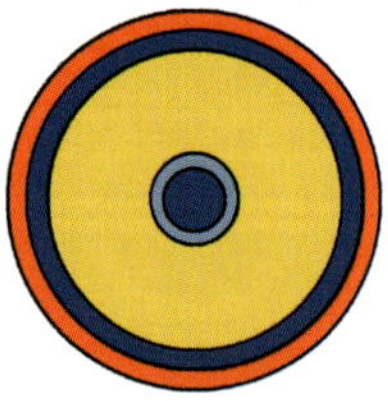
Equites Secundi Scutarii Iuniores

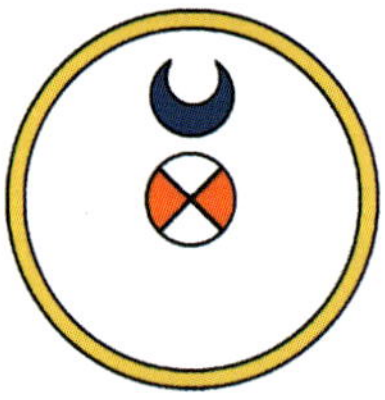
Equites Secundo Sagittarii

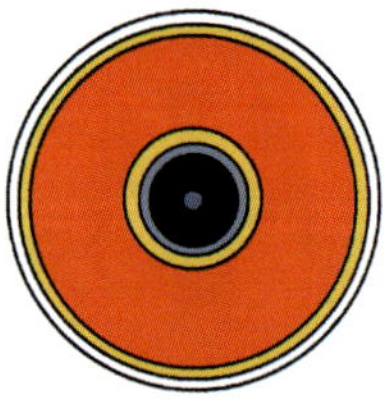
Equites Stablesiani Africani

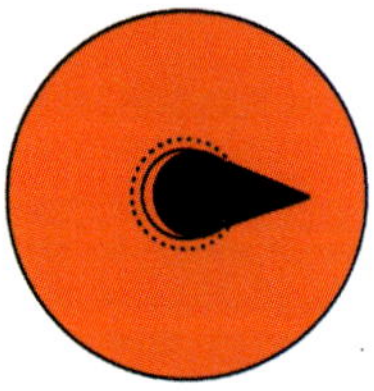
Equites Stablesiani Italiciani

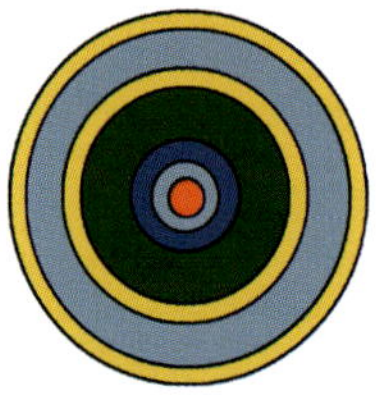
Equites Tertio Sagittarii

Exculcatores Iuniores Britanniciani

Felices Iuniores Gallicani

Felices Iuniores

Boucliers d'Occident

Felices Seniores

Felices Valentinianenses

Flavia Victrix Constantina

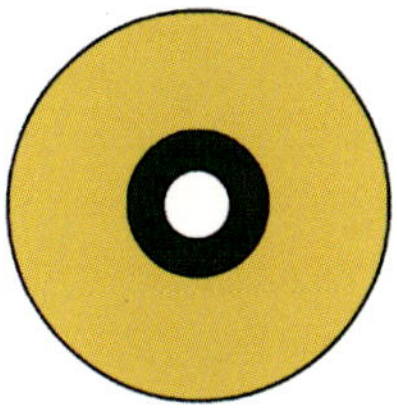
Fortenses

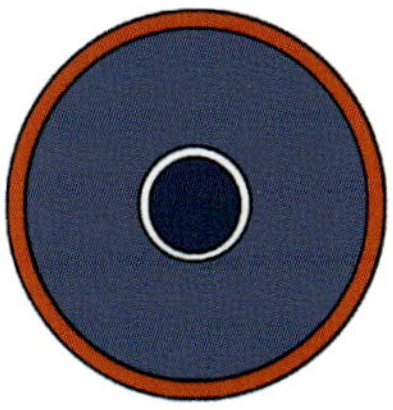
Fortenses

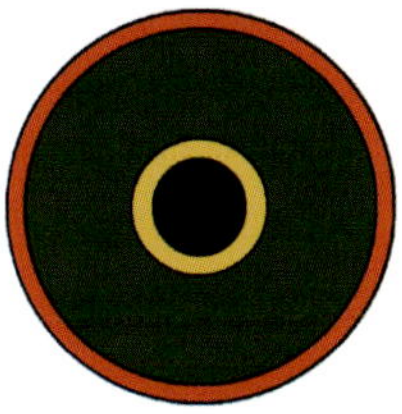
Galli Victores

Geminiacenses

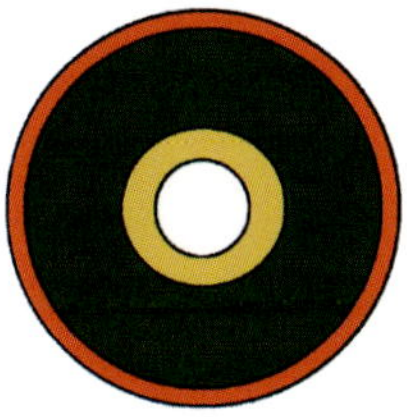
Germaniciani Iuniores

Grati

Gratienses Iuniores

Gratienses Seniores

Herculiani Seniores

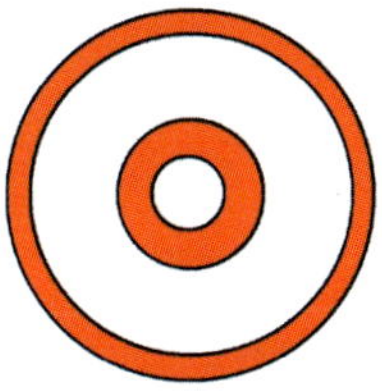
Heruli Seniores

Honoriani Ascarii Seniores

Honoriani Atecotti Iuniores

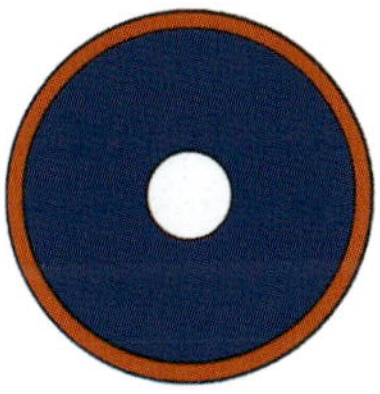
Honoriani Atecotti Seniores

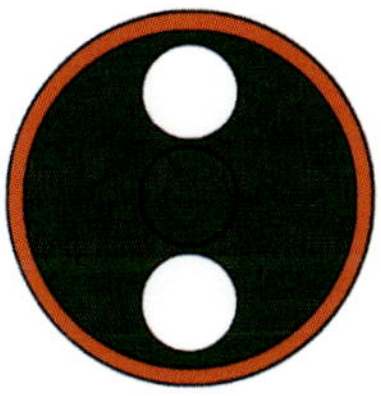
Honoriani Felices Gallicani

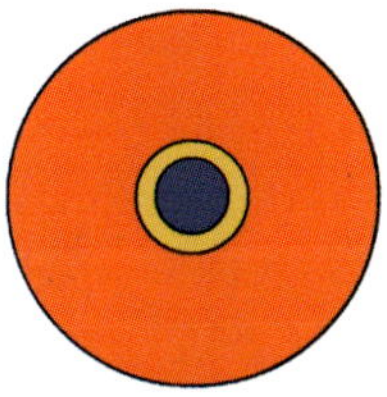
Honoriani Gallicani

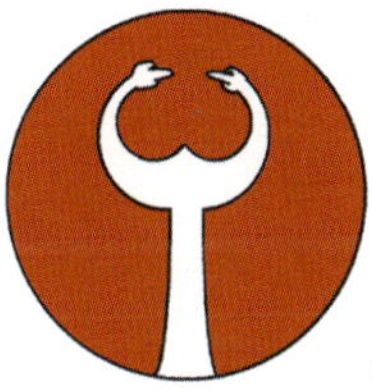
Honoriani Marcomanni Iuniores

Honoriani Marcomanni Seniores

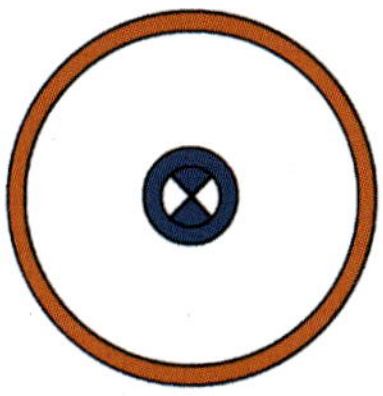
Honoriani Mauri Iuniores

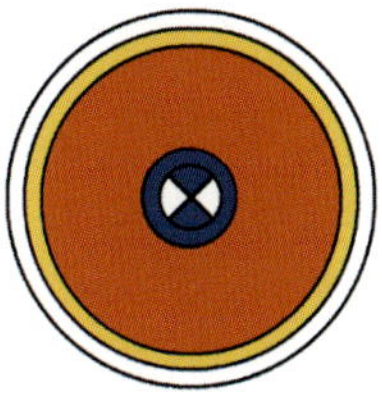
Honoriani Mauri Seniores

Honoriani Victores Iuniores

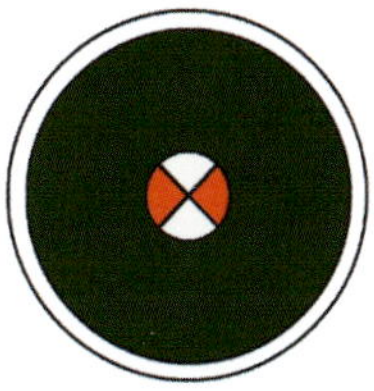
Invicti Iuniores Britanniciani

Invicti Seniores

Ioviani Seniores (peditum)

Iovii Iuniores Gallicani

Iovii Iuniores

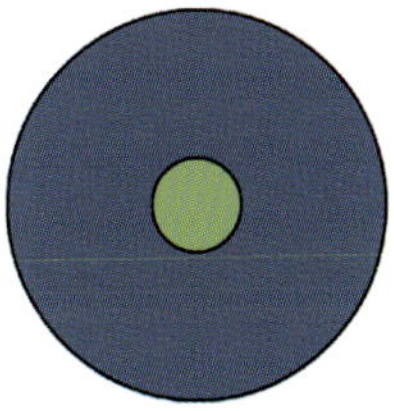
Iovii Seniores

Lanciarii Comaginenses

Lanciarii Gallicani Honoriani

Lanciarii Lauriacenses

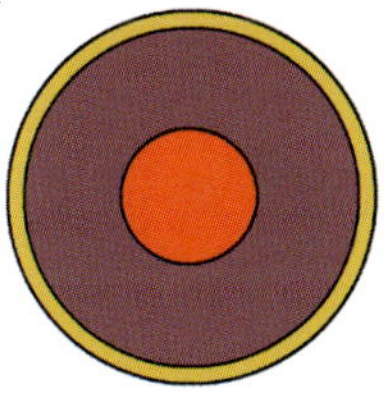
Lanciarii Sabarienses

Latini

Leones Iuniores

Boucliers d'Occident

Leones Seniores

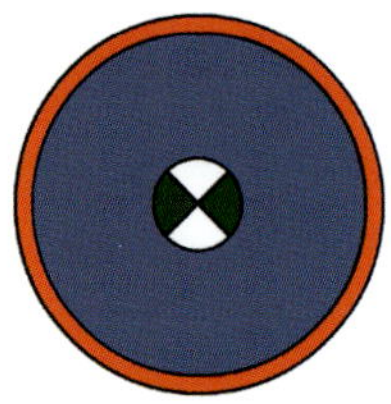
Martenses

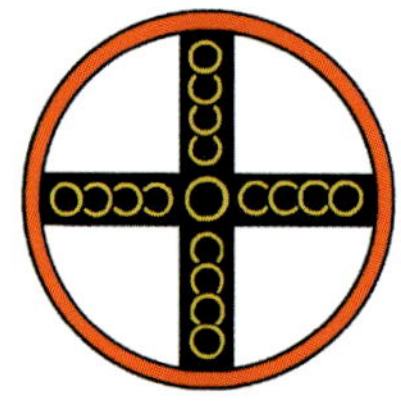
Ascarii Seniores

Mattiaci Iuniores Gallicani

Mattiarii Iuniores

Mauri Cetrati

Mauri Osismiaci

Maur Tonantes Iuniores

Mauri Tonantes Seniores

Menapii Seniores

Moesiaci Seniores

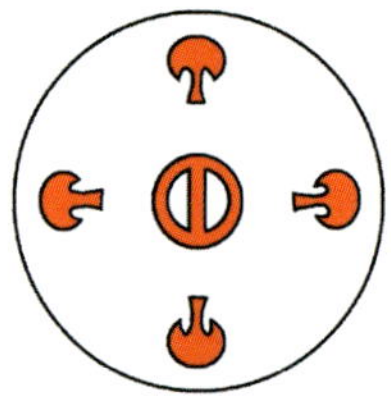
Octaviani

Pacatianenses

Pannoniciani Seniores

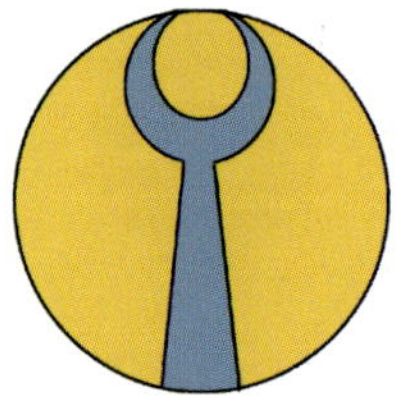
Petulantes Seniores

Pontinenses

Praesichantes

Prima Alpina

Prima Flavia Gallicana Constantia

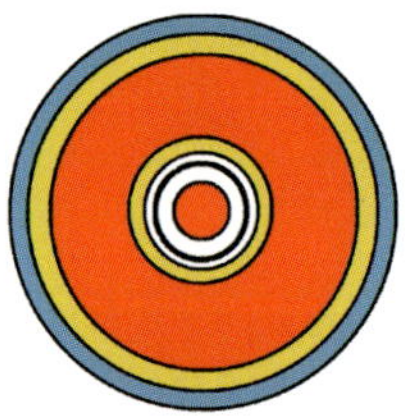
Prima Flavia Metis

Prima Flavia Pacis

Propugnatores Iuniores

Propugnatores Seniores

Raeti

Regii

Romanenses

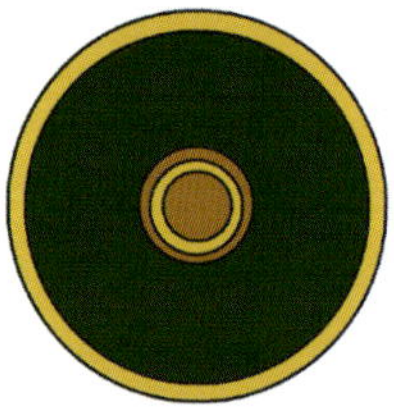
Sabini

Sagittari Nervii Gallicani

Sagittarii Venatores

Sagittarii Nervii

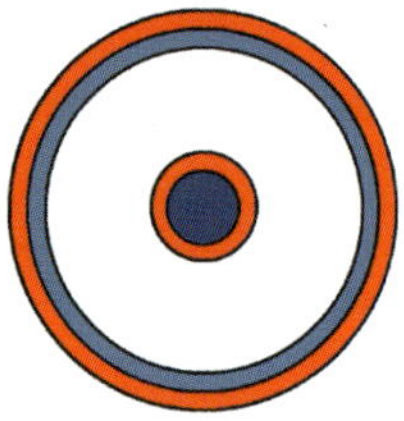
Salii Gallicani

Salii

Secunda Britannica

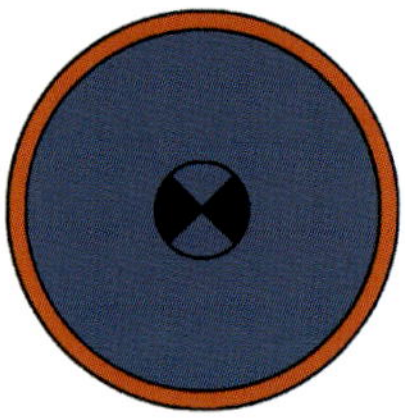
Secunda Flavia Constantiniana

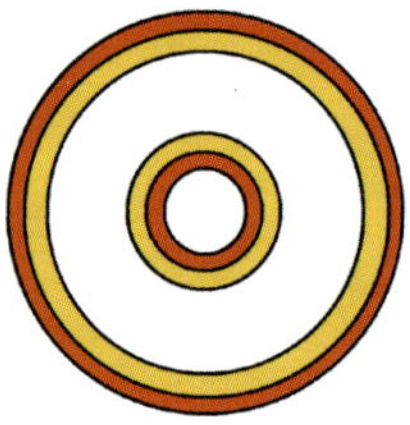
Sacunda Flavia Virtutis

Boucliers d'Occident

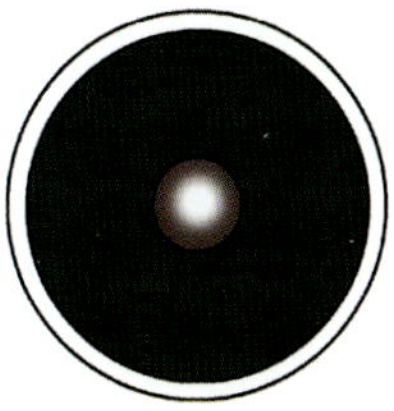
Secunda Iulia Alpina

Secundani Italiciani

Seguntienses

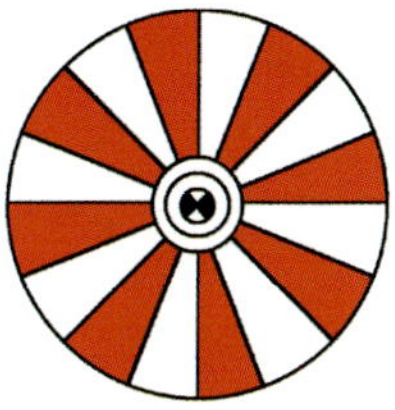
Septimani Iuniores

Septimani Seniores

Septimani

Sequani

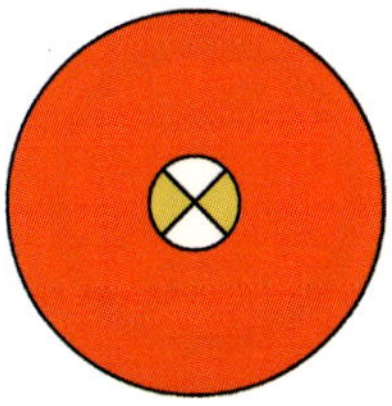
Superventores Iuniores

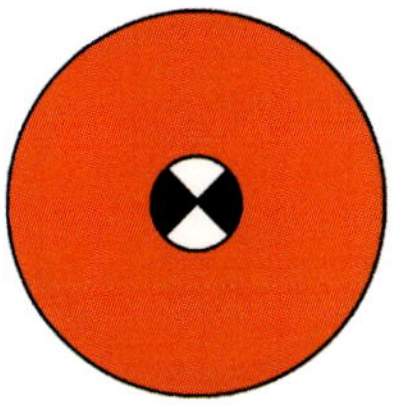
Taurunenses

Tertia Flavia Salutis

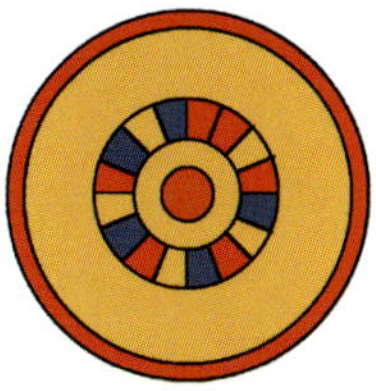
Tertia Herculia

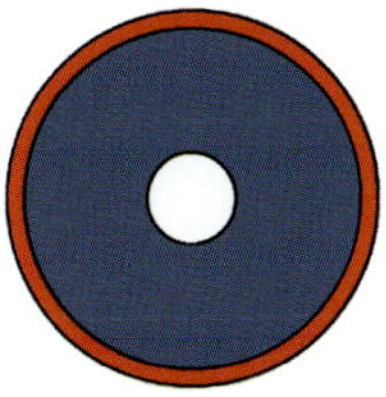
Tertia Iulia Alpina

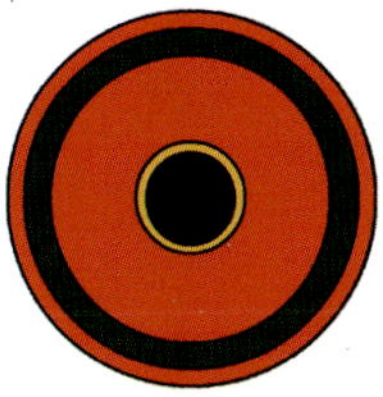
Tertiani Italica

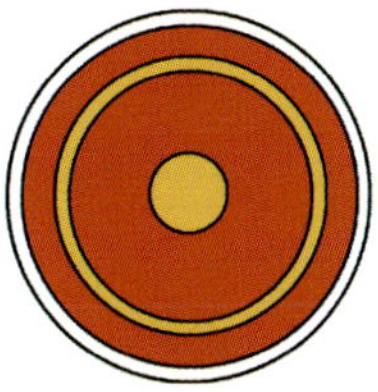
Tertio Augustani

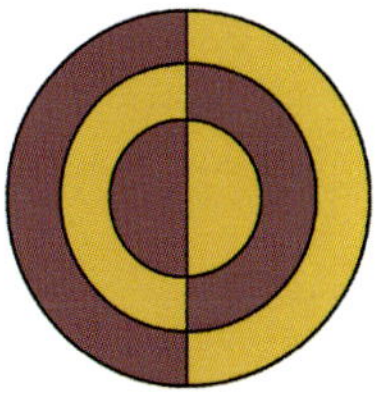
Thebaei

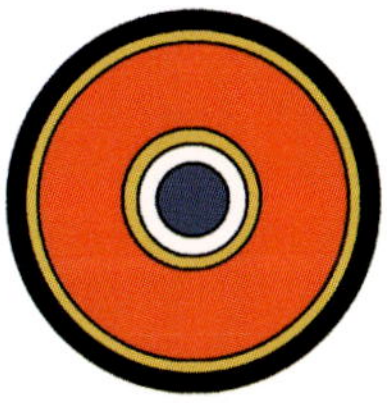
Tongrecani Seniores

Tubantes

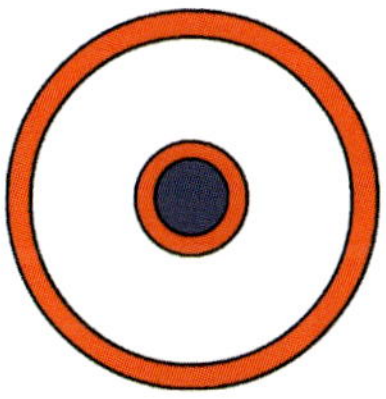
Honoriani Gallicani

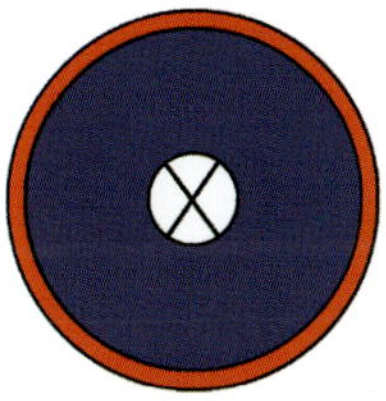
Undecimani

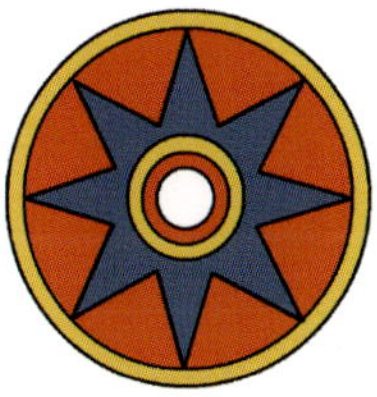
Ursarienses

Valentianenses Iuniores

Vesontes

Victores Iuniores

Scholae Ouest (écoles militaires)

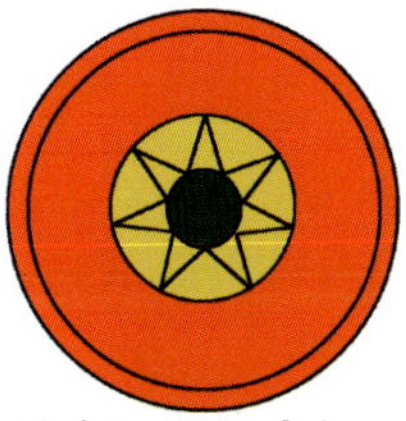
Scola Armaturarum Seniorum

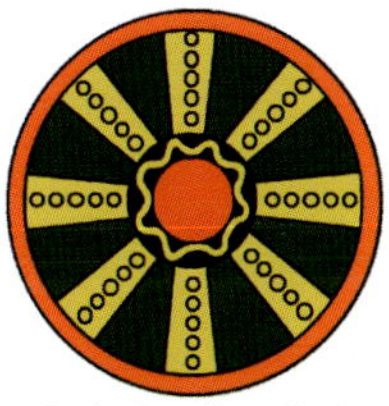
Scola Gentilium Seniorum

Scola Scutariorum Clibanariorum

Scola Scutariorum Prima

Scola Scutariorum Sagittariorum

Scola Scutariorum Secunda

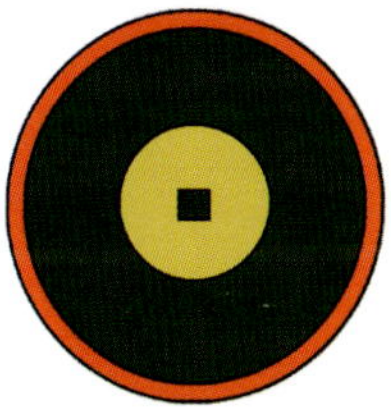
Scola Scutariorum Tertia

Boucliers d'Orient

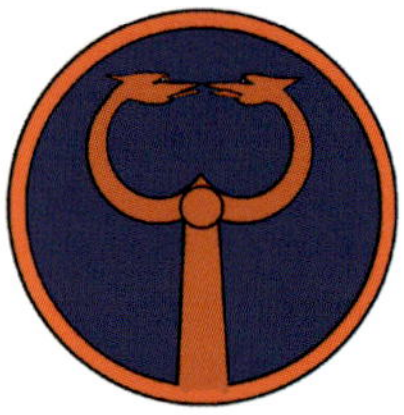
Anglavarii

Ascari Iuniores

Ascari Seniores

Atecoti

Augustenses

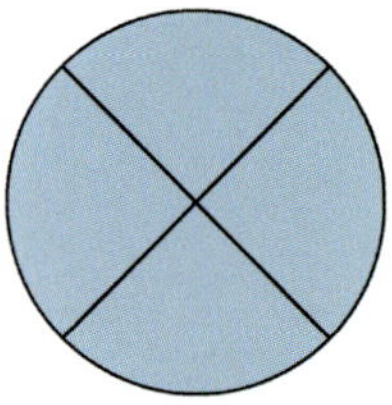
Auxilirii Sagittarii

Balistarii Dafnenses

Balistarii Iuniores

Balistarii Seniores

Balistarii Theodosiaci

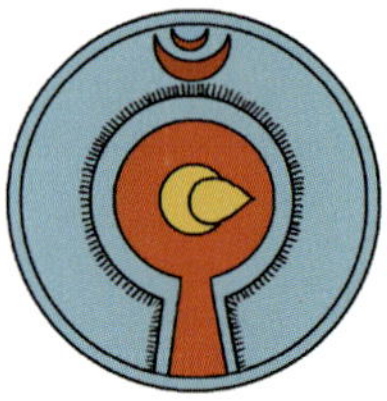
Batavi Seniores

Brachiati Iuniores

Britones Seniores

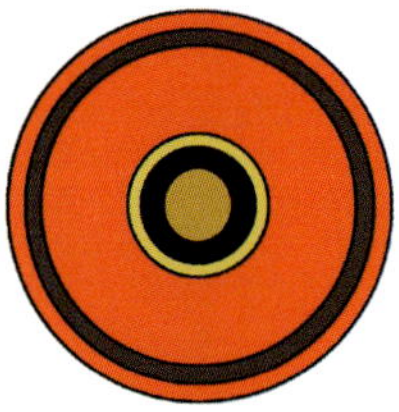
Bucinobantes

Comes Domesticorum Equitum

Comes Domesticorum Peditum

Constantiani

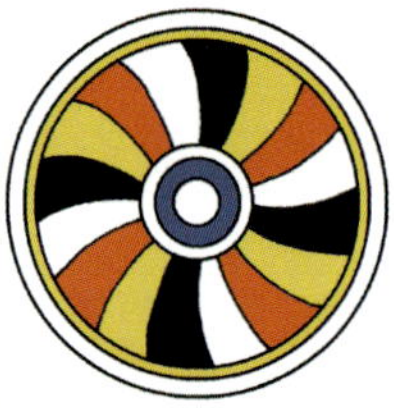
Constantini Dafnenses

Constantini Seniores

Constantini

Cornuti

Daci

Decima Gemina

Defensores

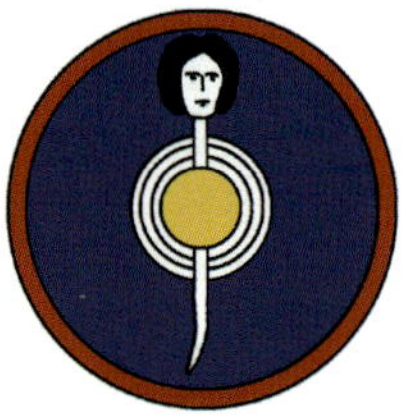
Dianenses

Divitenses Gallicani

Falchovarii

Felices Arcadiani Iuniores

Felices Arcadiani Seniores

Felices Honoriani Iuniores

Felices Honoriani Seniores Manapii

Felices Theodosiani Isauri

Felices Theodosiani

Fortenses Auxiliarii

Fortenses

Funditores

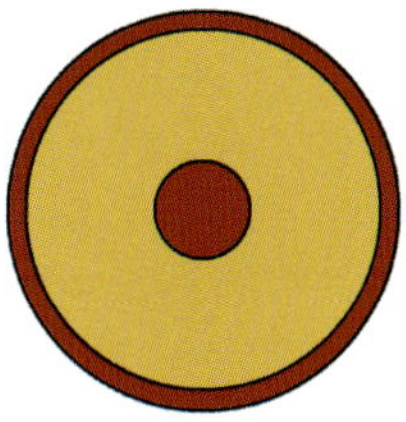
Germaniciani Seniores

Gratienenses

Herculiani Iuniores

Hiberi

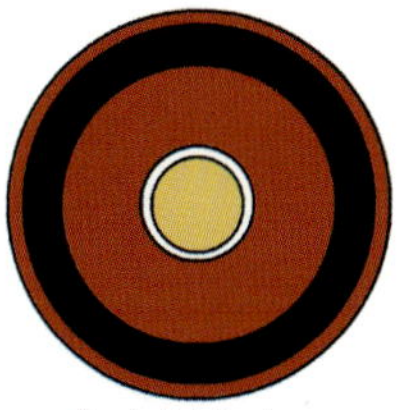
Invistici Iuniores

Ioviani Iuniores

Iulia Alexandria

Lanciari Augustenses

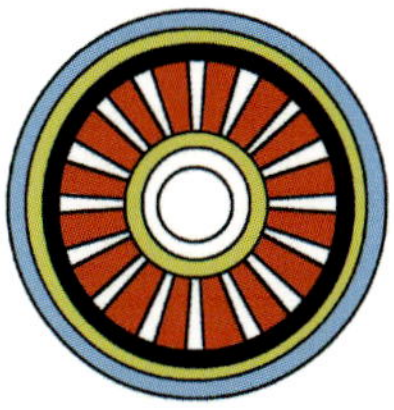
Lanciari Iuniores

Lanciari Seniores

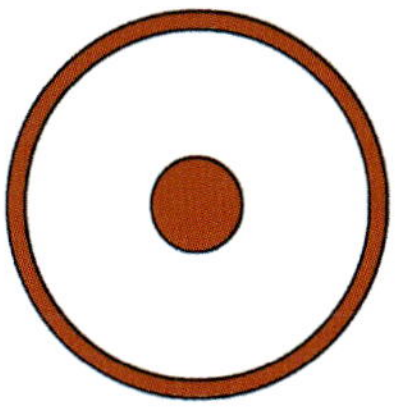
Lanciarii Iuniores

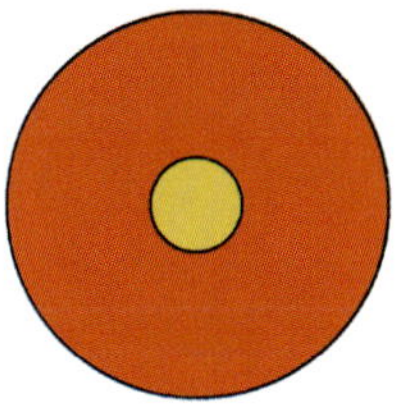
Lanciarii Stobenses

Martenses Seniores

Martii

Matiarii Constantes

Matiarii Iuniores

Matiarii Seniores

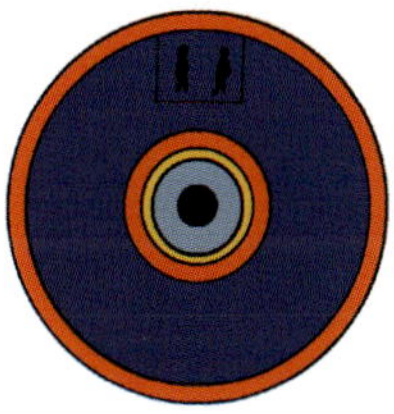
Mattiaci Iuniores

Mattiaci seniores

Menapii

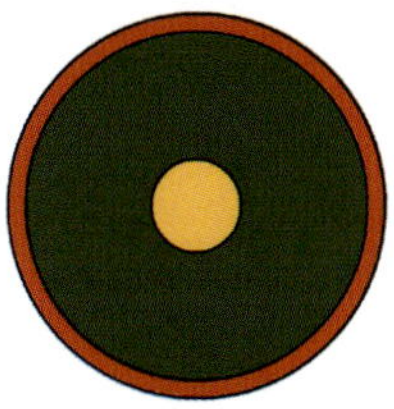
Minervii

Nervii

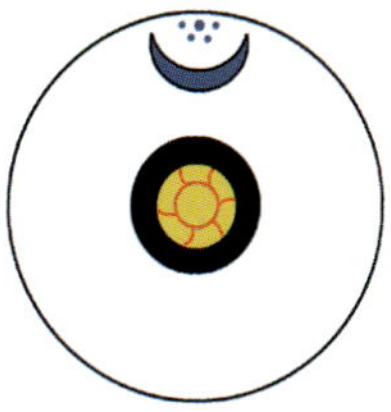
Pannoniciani Iuniores

Petulantes Iuniores

Prima Armeniaca

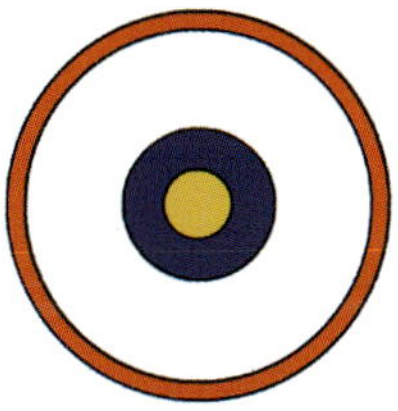
Prima Flavia Constantia

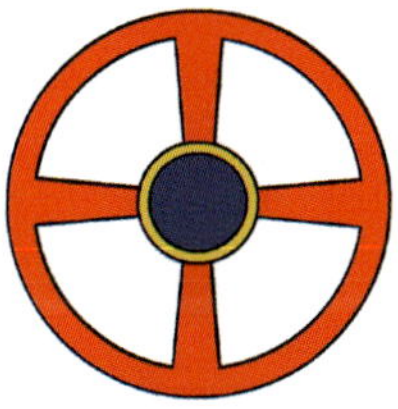
Prima Flavia Gemina

Prima Flavia Theodosiana

Prima Isaura Sagittaria

Prima Italica

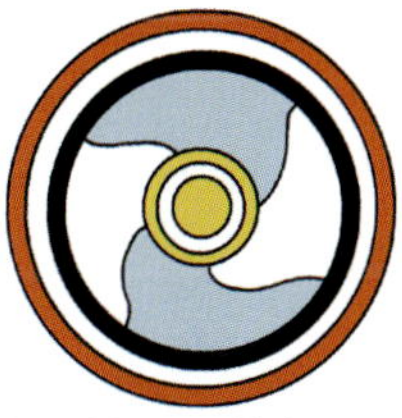
Prima Maximiana Thebaeorum

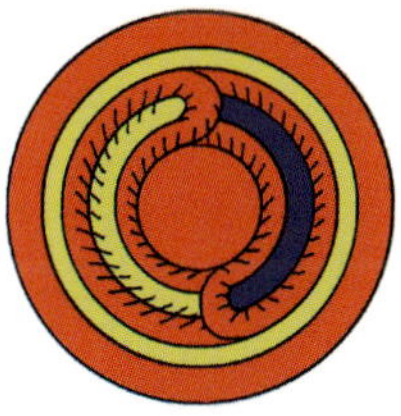
Primani

Primi Theodosiani

Quarta Italica

Boucliers d'Orient

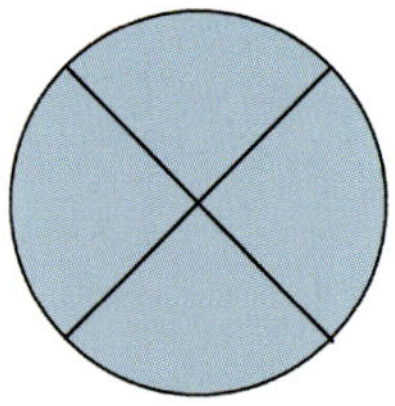
Quarti Theodosiani

Quatrodecimani

Quinta Macedonica

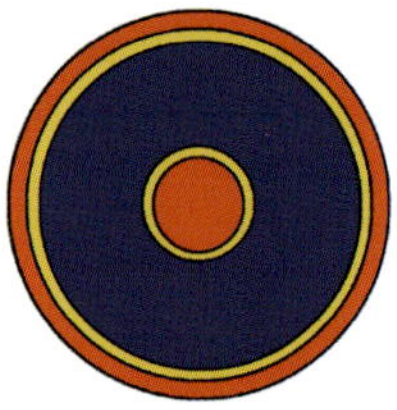
Raetobarii

Regii

Sagitarii Seniores Gallicani

Sagittarii Dominici

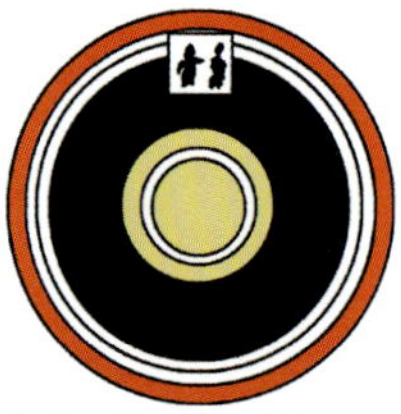
Sagittarii Iuniores Orientales

Sagittarii Lecti

Sagittarii Seniores Orientales

Sagitarii Ioniores Gallicani

Salii

Scythae

Secunda Armeniaca

Secunda Felix Valentis Thebaeorum

Secunda Flavia Constantia Thebaeorum

Secunda Flavia Gemina

Secundani

Secundi Theodosiani

Septima Gemina

Sexta Parthica

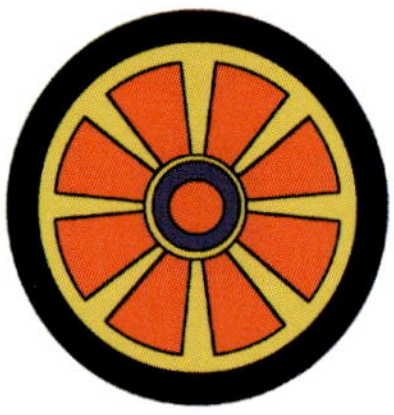
Solenses Gallicani

Solenses Seniores

Taanni

Tertia Diocletiana Thebeaorum

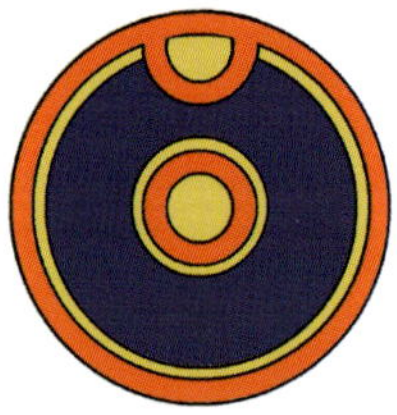
Tertii Sagittarii Valentis

Tertii Theodosiani

Tertio Decimani

Tervingi

Thraces

Transtigritani

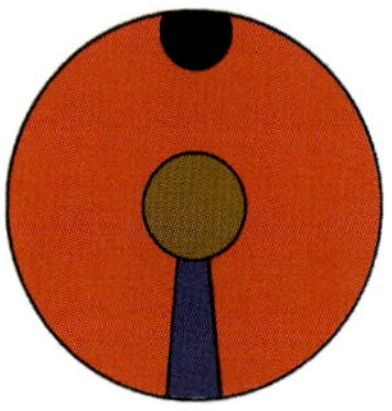
Tubantes

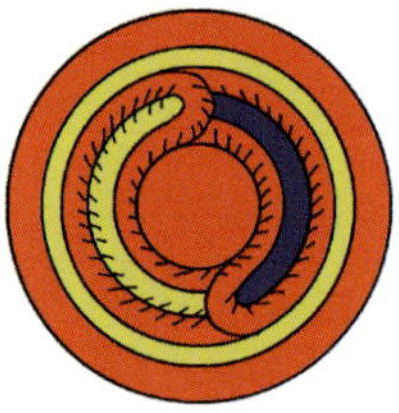
Undecimani

Valentinianenses

Victores

Vindices

Visi

SCHOLAE EST (ÉCOLES MILITAIRES)

Boucliers et noms ne sont pas associés précisement.

Glossaire

Ænator : sonneur de trompette.
Ala : régiment de cavalerie (*ala quingenaria* de 500 soldats ; *ala milliaria* de 800 cavaliers environ).
Amentum : courroie de propulsion de certains javelots.
Antrustion : membre de la garde personnelle d'un chef germanique.
Aquila : enseigne principale de la légion figurant un aigle.
Aquilifer : sous-officier qui porte l'*aquila*.
Arma : armes.
Armamentarium : arsenal.
Armatura : panoplie.
Balteus : d'abord ceinture, puis baudrier supportant l'épée.
Beneficiarius : soldat promu par un officier.
Beneficium : faveur accordée à un soldat.
Bracæ : braies, pantalons longs.
Buccula : paragnathide du casque (garde-joue).
Calcar : éperons.
Calcearium : indemnité allouée pour permettre le remplacement des clous usés ou perdus des chaussures.
Calcei : chaussures fermées, utilisées notamment par les officiers.
Caligæ : sandales cloutées.
Campagi : chaussures.
Campestre : caleçon d'entraînement.
Caracalla : grand manteau gaulois à capuchon, qui devint le surnom de l'empereur Antoninus qui affectionnait ce vêtement.
Carbatinæ : chaussures fermées.
Cassis : casque.
Catafractius : cavalier cuirassé.
Centenarius : nom donné au centurion sous le Bas-Empire.
Centuria : centurie.
Centurio : centurion, sous-officier commandant une centurie.
Cinctorium : ceinture de tissu que les officiers attachent autour de leur cuirasse.
Cingulum : ceinturon militaire.
Clavarium : indemnité allouée pour permettre de remplacer les clous usés ou perdus des chaussures.
Clavi : bandes colorées sur les vêtements.
Clibanarius : cavalier cuirassé.
Cohors : unité auxiliaire.
Cohors prætoria : cohorte prétorienne.
Comitatenses : soldats des troupes de choc.
Comitatus : armée de campagne.
Contus : lance de cavalerie, munie d'un fer à chaque extrémité.
Cornicen : musicien joueur de *cornu*.
Cornu : sorte de grand cor de chasse.
Crista : crête de casque.
Crepida : sandale.
Cursus publicus : poste impériale.
Custos armorum : responsable de l'armurerie.
Decurio : décurion, sous-officier commandant une *turma* de cavaliers.
Dioceses : réunions administratives de plusieurs provinces romaines à partir de Dioclétien.
Dolabra : outil, pioche d'un côté et hache de l'autre.

Bibliographie

Ammien Marcellin, *Histoires*, édit. Fontaine J., *et alii*, 1968-1999, Paris, 6 vol.

Armée romaine de Dioclétien à Valentinien Ier (L'). Actes du Congrès de Lyon (12-14 septembre 2002), édit. Le Bohec Y. et Wolff C., Collections du Centre d'études romaines et gallo-romaines, nouvelle série, n° 26, 2004, Lyon, 539 p.

Armée romaine en Gaule (L'), édit. Reddé M., 1996, Paris, 278 p.

Armée romaine et les barbares du IIIe au VIIe siècle (L'), édit. Vallet F. et Kazanski M., 1993, Rouen, 473 p.

Barhy, L., 2005, Ganz nach römischem Geschmack. Neu entdeckte Wandmalereien aus der einst blühenden Legionsstadt Brigetio am nordöstlichen Limes (Komárom/Szöny, Ungarn), in : *Antike Welt* 2005/4, 51-54.

Biborski, M., 1994, Römische Schwerter im Gebiet des europäischen Barbaricum, in : *JRMES* 5, 169-197.

Bishop, M.C. u. J.C. Coulston, 2006, *Roman military equipment : from the Punic wars to the fall of Rome*, London.

Bishop, M.C., 1999, The Newstead 'lorica segmentata', in : *JRMES* 10, 27-43.

Bishop, M.C., 2002, *Lorica Segmentata 1. A handbook of articulated Roman plate armour*, Duns.

Bóna I., 2002, *Huns (Les)*, trad. Escher K., Paris.

Brulet R., 1993, Les dispositifs militaires du Bas-Empire en Gaule septentrionale, dans *L'armée romaine et les barbares*, Paris, p. 135-142.

Carrie J. M., Le système de recrutement des armées romaines de Dioclétien aux Valentiniens, dans *L'armée romaine de Dioclétien à Valentinien Ier*, p. 371-387.

Carrie J. M., Tissus et vêtements dans l'Antiquité tardive, Actes du Colloque de Lyon, Musée Historique des Tissus, 18-19 janvier 2003, dans *Antiquité tardive*, 12, 2004, p. 9-252.

Castillo C., Tribunos militares en Ammianus Marcellinus, dans *L'armée romaine de Dioclétien à Valentinien Ier*, p. 43-54.

D'Amato R., 2003-2005, *Roman military clothing*, Londres, 3 vol.

Demougot E., 1979, *Formation de l'Europe et les invasions barbares (La)*, Paris, 2 vol.

Demougeot E., 1988, *Empire romain et les barbares d'Occident (L')*, Paris, 420 p.

Dixon K. R. et Southern P., 1996, *The Late Roman Army*, Batsford, Londres.

Dixon K. R. et Southern P., 1992, *The Roman Cavalry*, Londres, 256 p.

Feugère M., 1993, *Armes des Romains (Les)*, Paris, 287 p.

Feugère M., 1994, *Casques antiques (Les)*, Paris, 174 p.

Herrmann, F.R., 1969, Der Eisenhortfund aus dem Kastell Künzing, in : *Saalburg-Jahrbuch* 26, 129-41.

James, S., 1999, The Community of the Soldiers : A Major Identity and Centre of Power in the Roman Empire, in : *Theoretical Archaeology Conference* 98, Oxford.

James, S., 2004, *The Excavations at Dura-Europos. Final report VII: Arms and armour and other military equipment*, London.

Junkelmann, M., 1999, Roman Helmets in the Axel Guttmann-Collection Berlin, in : *JRMES* 10, 81-85.

Junkelmann, M., 2000, *Römische Helme* (= Sammlung Axel Guttmann VIII), Mainz.

Kazanski M., 1991, *Les Goths (Ier-IVème siècle ap. J.-C.)*, Paris.
Kazanski M., 1993, Les barbares orientaux et la défense de la Gaule aux IVe et Ve siècles, dans *L'armée romaine et les barbares*, p. 175-181.
Kazanski M., 1995, L'équipement et le matériel militaires au bas-empire. L'exemple des campagnes, *Revue du Nord*, 77, 313, p. 37-54.
Klumbach H., *Die Spätrömische Gardehelme*, 1973, Munich, 117 p.
Kolias, T.G., 1988, *Byzantinische Waffen*, Wien.
Lebedinsky I., 1997, *Alains (Les)*, Paris, 176 p.
Lebedinsky I., 2001, *Armes et guerriers barbares au temps des grandes invasions, du IVe au VIe siècle après J.-C.*, Paris, 224 p.
Périn P. et Feffer L.-C., 1997, *Francs (Les)*, 2e éd., Paris, 463 p.
Pfister, R. u. L. Bellinger, 1945, *The excavations at Dura-Europos : Final report IV, Part II, The Textiles*, New Haven.
Rald, U., 1994, *The Roman swords from Danish bogfinds*, in : *JRMES* 5, 227-241.
Richardot P., 1998, *Fin de l'armée romaine (284-476) (La)*, Paris, 340 p.
Royaumes barbares au Regnum Francorum (Des). L'Occident à l'époque de Childéric et de Clovis (vers 450-vers 530), édit. Vallet F., Kazanski M. et Périn P., 1998, Saint-Germain-en-Laye, éd. de l'Association Française d'Archéologie Mérovingienne et du Musée des Antiquités Nationales, 279 p.
Robinson, H.R., 1975, *The armour of imperial Rome*, London.
Rostovtzeff, M.I. (and other Eds.), 1936, *The Excavations at Dura-Europos. Preliminary Report of Sixth Season of Work October 1932-March 1933*, New Haven.
Rostovtzeff, M.I. (and other Eds.), 1939, *The Excavations at Dura-Europos. Preliminary Reports of the Seventh and Eighth Seasons of Work 1933-1934 and 1934-1935*,
New Haven.
Stephenson I. P., 1999, *Roman Infantry equipment, the later Empire*, Stroud, 176 p.
Stephenson I. P., 2006, *Romano-Byzantine infantry equipment*, Stroud, 160 p.
Stjernquist, C., 1954, Runde Beschlagplatten mit Befestigungsöse, in : *Saalburg Jahrbuch* 13, 59-68.
Sumner, G., 2003, *Roman military clothing II. AD.*
Thomas, M.D., 2003, *Lorica Segmentata 2. A catalogue of finds*, Duns.
Treadgold W., 1995, *Byzantium and its Army, 284-1081*, Standford, 250 p.
Ubl., H.J., Ein "Ringschnallencingulum" aus *Lauriacum*, in : Buora, M. (Hrsg.), Miles Romanus *dal Po al Danubio nel Tardoantico. Atti del Convegno internazionale Pordenone – Concordia Sagittaria* (17-19 marzo 2000), Pordenone, 275-285.
Ulbert, G., 1974, Straubing und Nydam. Zu römischen Langschwertern der späten Limeszeit, in : *Studien zur Vor- und Frühgeschichtlichen Archäologie, Festschrift f. J. Werner*, München, 197-216.
van Driel-Murray, C., 1999, Die römischen Lederfunde. In : Landesdenkmalamt Baden-Württemberg (Ed.), *Das Ostkastell von Welzheim, Rems-Murr-Kreis* (= Forschungen und Berichte zur Vor- und Frühgeschichte in Baden-Württemberg, 42), Stuttgart, 11-114.
van Driel-Murray, C., 2001, Footwear in the North-Western Provinces of the Roman Empire, in : Goubitz, O., Driel-Murray, C. van, Groenman van Waateringe, W., *Stepping through time. Archaeo-logical footwear from prehistoric times until 1800*, Zwolle, 337-376.
Végèce, édit. Reyniers F., 1948, Paris, LXVII-173 p.

Table des matières

BATAVI
LEG

Achevé d'imprimer par
Imprimerie Pollina - 85400 Luçon
Dépôt légal : Mars 2009
N° d'imprimeur : L49631

Imprimé en France